Universale Economica Fe

STEFANO BENNI
L'ULTIMA LACRIMA

Feltrinelli

© Giangiacomo Feltrinelli Editore Milano
Prima edizione ne "I Narratori" ottobre 1994
Prima edizione nell'"Universale Economica" settembre 1996

ISBN 88-07-81394-7

Ricordando Umberto Angelucci
e Luca Torrealta

Περί ἡμῶν

Dopo l'ultima lacrima
la pista da ballo è vuota
è il paradiso, señorita
anche senza l'orchestra
è la libertà, amica mia.

(*Tango Incansable*)

1

PAPÀ VA IN TV

È tutto pronto in casa Minardi. La signora Lea ha pulito lo schermo del televisore con l'alcol, c'ha messo sopra la foto del matrimonio, ha tolto la fodera al divano che ora splende in un vortice di girasoli. Ha preparato un vassoio di salatini, un panettone fuori stagione, il whisky albionico e l'aranciata per i bambini. Ha lustrato le foglie del ficus, ha messo sul tavolino di vetro la pansé più bella. I tre figli la guardano mentre controlla se tutto è in ordine, si tormenta i riccioli della permanente e becchetta coi tacchi sul pavimento tirato a cera. Non l'avevano mai vista in casa senza pantofole.

Anche i tre figli sono pronti.

Patrizio, dodici anni, è sul divano con la tuta da ginnastica preferita, rosso fuoco, e un cappellino degli Strozzacastori di Minneapolis.

Lucilla, sette anni, ha un pigiama con un disegno di triceratopini e tiene in braccio una Barbie incinta.

Pastrocchietto, due anni, è stato imprigionato tra il seggiolone e una tuta superimbottita che gli consente di muovere solo tre dita e un cucchiaio-protesi. È stato drogato con sciroppo alla codeina perché non rompa.

Suonano alla porta. È la vicina di casa, Mariella, col marito Mario, hanno portato i cioccolatini e il gelato che va subito in freezer se no si squaglia.

Mario, in giacca e cravatta per l'occasione, saluta i bambini e stringe con energia la mano a Patrizio.

– Allora, campione, contento del tuo papà?

– Insomma... – fa Patrizio.

– Che bella pettinatura – dice Mariella a Lea – ci siamo fatte belle eh, oggi? Già, non è un giorno come tutti gli altri.

– In un certo senso... – fa Lea.

– A che ora è il collegamento televisivo?

– Tra cinque minuti, più o meno.

– Allora possiamo accendere.

– Il telecomando lo tengo io – dice Lucilla.

– Lucilla non fare la prepotente.

– Papà me lo fa sempre tenere...

In quello stesso momento anche il signor Augusto Minardi è emozionato. Ha consumato un'ottima cena a base di risotto al tartufo, e cerca di rilassarsi sdraiato su una brandina.

– Spero di fare bella figura – pensa.

– Tra cinque minuti tocca a lei – dice una voce fuori dalla stanza.

– Maledizione – pensa il signor Minardi – mi sono dimenticato di lavarmi i denti. Chissà se in televisione si vede.

– Non ho invitato la portinaia – dice la signora Lea, masticando un gianduiotto – ma mica per una questione di classe sociale, figuriamoci, è che è una gran pettegola, e magari va a raccontare tutto quello che succede qua stasera. In certi momenti, ci si fida solo degli amici più intimi.

Mariella le prende la mano affettuosamente.

– Hai fatto bene – dice – poi ad Augusto non è neanche simpatica.

– L'avresti mai detto, campione, che un giorno avresti visto il tuo papà in televisione? – dice Mario, sedendosi sul divano vicino a Patrizio.

– Veramente no...

– Ma papà c'è già stato una volta – dice Lucilla – era nel corteo di una manifestazione, però si è visto un momento solo, e in più pioveva ed era mezzo coperto dall'ombrello.

– Sì, sì, mi ricordo – dice Mario – c'ero anch'io al corteo.

– Tu ci sei mai andato in televisione? – chiede Patrizio.

– Io no, ma mio fratello sì. L'hanno ripreso con le telecamere-spia mentre faceva a botte allo stadio, più di due minuti s'è visto, con la bandiera in mano, peccato che ne prendesse un sacco, quel pirla...

– Quel pilla... – ride Pastrocchietto scucchiaiando.

– Mario ti prego, modera il linguaggio! Proprio oggi – dice la moglie severa.

Il signor Augusto percorre il lungo corridoio, verso la sala con la luce rossa. Proprio in fondo, vede una telecamera che lo sta inquadrando.

– Siamo già in onda? – chiede.

– No – dice l'accompagnatore – sono riprese che magari monteranno dopo...

– Ma guarda. Come gli spogliatoi, prima della partita.

– Più o meno è così – sorride l'altro. – Ecco, ora siamo in diretta.

L'apparizione sullo schermo di Augusto ha causato un grande applauso e anche qualche lacrima, in casa Minardi.

Patrizio non riesce a star fermo e salta sul divano. Lucilla mordicchia la Barbie. La signora Lea ha gli occhi lucidi.

– Guarda com'è tranquillo – dice la Mariella – sembra che non abbia fatto altro tutta la vita. È persino bello.

– Sì. Si è pettinato all'indietro, come gli avevo detto.

– Mi sa che riceverà un sacco di lettere di ammiratrici – dice Mario. La moglie lo rimprovera con lo sguardo.

– Ecco, si siede. Guarda che bel primo piano.

– Vecchio Augusto! – dice Mario un po' commosso – chi l'avrebbe mai pensato!

– Oh no – dice Mariella – la pubblicità proprio adesso.

– Sono in onda? – chiede Augusto.

– In questo momento no – dice il tecnico – ci sono trenta secondi di pubblicità. Poi ci sarà lo speaker che ci annuncia, poi tre minuti che servono a noi per preparare tutto, poi si comincia. Emozionato?

– Beh, certamente. Lei no?

– Non più di tanto. È il mio lavoro – sorride il tecnico.

La pubblicità è finita. Appare sullo schermo il volto compunto dello speaker.

– Cari telespettatori, siamo collegati in diretta con il carcere di San Vittore per la ripresa della prima procedura giudiziaria terminale del nostro paese. È un'occasione forse triste per alcuni, ma assai importante per la nostra crescita democratica. In questo momento vedete il condannato, Augusto Minardi, seduto in quella che si può definire l'anticamera della sala terminale. Qui gli verrà fatta un'iniezione calmante, prima della procedura.

– Oddio – dice la Lea.

– Cosa c'è?

– Augusto ha una paura matta delle punture...

– È proprio necessario? – chiede Augusto al medico.

– È meglio. La intontirà un po', così non si accorgerà di niente...

– Preferisco di no. Posso rifiutare?

– Non posso obbligarla – dice il medico alzando le spalle. – Guardi però che se là dentro si mette a smaniare, la brutta figura la fa lei...

– No – insiste Augusto – la puntura no.

– E ora dovrebbe essere pronta la scheda preparata dal nostro Capacci, sulle varie fasi che hanno portato a questo giorno fatidico – dice lo speaker.

"Augusto Minardi, 50 anni, ex operaio tessile disoccupato da tre anni, incensurato, la mattina del 3 luglio dell'anno scorso irrompe in un supermercato della periferia di M. armato di pistola. Vuole rapinare l'incasso. Ma la cassiera aziona il segnale di allarme. Irrompe l'agente di guardia. C'è una breve sparatoria al termine della quale restano al suolo tre persone: la guardia giurata, Fabio Trivella, 43 anni, la cassiera Elena Petusio, 47 anni, e il pensionato Roberto Aldini di 76 anni."

– Non vale – dice Lea – quello è morto d'infarto.

– Sì – dice Patrizio – ma c'è anche il fattorino...

"L'agente e la cassiera sono deceduti per le ferite riportate, il pensionato per infarto. Il Minardi tenta la fuga, ma gli sbarra la strada il fattorino Nevio Neghelli, di ventitré anni, che viene colpito non gravemente."

– Adesso sì che ci siamo – dice Patrizio.

"Il Minardi viene catturato poco dopo dentro una sala video-giochi. Il processo viene celebrato due mesi dopo per direttissima e il Minardi è condannato all'ergastolo. Ma in seguito al nuovo decreto legge del 16 ottobre, la pena viene commutata in terminazione mediante sedia elettrica."

– Era la scheda del delitto – spiega lo speaker – e ora vi presento gli ospiti che animeranno il nostro dibattito durante e dopo la procedura. Abbiamo anzitutto padre Cipolla, gesuita e sociologo.

– Buonasera.

– L'opinionista televisivo Girolamo Schizzo.

– Buonasera.

– Ehi – salta su Patrizio – ma è Schizzo, proprio lui.

– Non mi piace, è così volgare – dice la Lea.

– Però è uno dei più seguiti – commenta Mario.

– Poi abbiamo il senatore Carretti dell'opposizione, che ha presentato numerosi emendamenti a questo decreto legge, e al suo fianco lo scrittore e regista di film horror Paolo Cappellini e l'attrice Maria Vedovia...

– Buonasera, buonasera, buonasera...

– E per finire, il ministro che ha firmato il decreto legge, l'onorevole Sanguin.

– Buonasera.

– Che faccia da stronzo – commenta Mario.

– Mamma, perché non fanno più vedere papà?

– Lucilla, zitta e smetti di mangiare tutti quei gianduiotti.

– Accia 'a stronzo – dice Pastrocchietto.

– L'ho legata troppo stretta? – chiede il tecnico.

– No, no, va benissimo – risponde Augusto.

– Se vuole un consiglio, quando arriva la scarica, tenga la testa giù. Così non si vedono le smorfie...

– Le cosa?

– Le smorfie...

– Ma io vorrei che a casa mi vedessero bene.

– Io – dice il senatore – vorrei dire come prima cosa che sono contrario a quest'uso della diretta.

– E allora cosa ci fa qui, sepolcro imbiancato? – urla Schizzo. – Come al solito lei e quei porci parassiti del suo partito vi attaccate agli avvenimenti, ma non volete pagar dazio...

– Lei si calmi e rispetti la gravità del momento, cialtrone...

– Cialtrone sarà lei, pezzo di merda...

– Per favore per favore – interviene padre Cipolla.

– Vorrei richiamarvi alla solennità dell'evento – dice lo speaker – e a tal proposito vorrei fare una domanda al regista Cappellini. Schizzo e Carretti per favore, un po' di silenzio. Lei Cappellini, sarebbe mai riuscito a immaginare uno scenario simile? Voglio dire, se per esempio dovesse pensare a un attore per la parte di Minardi, chi sceglierebbe?

– Ma, non so... forse, visto che è un tipo così sanguigno... non sarebbe male Depardieu...

– Hai sentito – dice Mariella, tutta eccitata – l'ha paragonato a Depardieu! Non sei contenta?

– Beh sì, è un bell'uomo ma non so se gli somiglia davvero... – dice Lea, timida.

Squilla il telefono.

– Mamma – dice Lucilla – è un giornalista. Chiede che cosa stiamo provando in questi momenti...

– Zitta, stanno inquadrando papà – dice Lea senza prestarle attenzione.

– E per la parte femminile? – dice lo speaker. – Lei, signorina Vedovia, se la sentirebbe di fare la parte della moglie?

– Beh, è una bella parte, molto drammatica... certo, bisognerebbe invecchiarmi molto col trucco.

– "Molto" lo dici tu, brutta troia – dice Mariella.

– Non fa niente, non fa niente – dice Lea conciliante.

– E di me non parlano? – dice Patrizio. – Io vorrei che la mia parte la facesse Johnny Depp.

– Sì, e io Gary Cooper – ride Mario.

– Uper – dice Pastrocchietto.

– In questo momento siamo davanti alla televisione e mangiamo i gianduiotti e dopo c'è anche il gelato – sta dicendo Lucilla al telefono. – Quali gusti? Non so, vuole che vada in freezer a vedere?

– Ed eccoci al momento che voi tutti attendete – dice lo speaker. Vedete la sedia, lo stesso modello in uso nei penitenziari americani. Ecco inquadrato il tecnico, signor Grossmann, che ha già eseguito dodici esecuzioni capitali nel Texas e in Alabama.

– Ma lei parla benissimo italiano – dice stupito Augusto.

– Mia madre è italiana – risponde Grossmann.

– Vedete che sta parlando con il condannato. Del resto, parla benissimo italiano, perché sua madre è di Matera. Non so se in questo momento è possibile farlo venire al microfono, credo di no, perché lo vedo molto occupato. Ora un ultimo stacco pubblicitario e poi avrà inizio la procedura terminale.

– Chiamatela pure col suo nome: esecuzione! – dice Carretti.

– E lui lo vogliamo chiamare assassino, sì o no? – grida Schizzo. – La vogliamo smettere con questa pietà pelosa, cialtrone opportunista?

– Guitto sanguinario...

– Moralista da operetta!

– Pubblicità.

– Lo ha chiamato assassino – piange Lea.

– Beh, ma sai, così nella foga della diretta – la consola Mariella.

– Beh, sparare ha sparato, in fondo – dice Patrizio – e ha anche vinto.

– Vinto in che senso? – dice Mario.

– Beh, in senso western...

– Allora sicuramente limone, cioccolato e crema. Poi una cosa che non so se è yogurt o fiordilatte – dice Lucilla al telefono.

– Ci siamo – dice il tecnico. – Guardi che adesso lei è ripreso in primo piano. Tenga la testa un po' inclinata e respiri lentamente. Vedrà, non sentirà nulla. Come una piccola puntura.

– Oddio, no – sbianca Augusto.

– No no, come volare giù da un sesto piano.

– Così va meglio – dice Augusto – sono pronto.

– Questo è un momento importante della democrazia televisiva – dice lo speaker. – Volevamo fornirvi i dati di audience dopo la procedura, ma sono così strabilianti che li rendiamo noti subito. In questo momento, sedici milioni di persone sono collegate alla nostra trasmissione.

– Mamma mia – dice Mario – come Italia-Germania.

– Guarda com'è tranquillo – dice Mariella – sembra che stia al cinema.

– No no, io lo conosco, sembra tranquillo, ma è emozionato – dice Lea.

– Io ho cinque anni... sì, papà è sempre stato buono con me... come dice? Beh, forse una volta o due... sì con la cinghia sul sedere, ma non forte... – dice Lucilla al telefono.

– Siamo al momento tanto atteso. Schizzo e Carretti, silenzio per favore, qualcuno li separi! Vedete il volto del condannato. Un volto mediterraneo. Il volto di uno come noi. Si è rasato. Ha cenato un'ultima volta: risotto col tartufo e vino bianco. E ora è qui, davanti alla sua e alla nostra coscienza. Il tecnico sta avviando il conto alla rovescia. Potete vedere i secondi scorrere in alto sul video. Siamo a meno quindici secondi. Ricordiamo che, chi vuole, fa ancora in tempo a spegnere il televisore. È vostra facoltà assistere o no: questa è la democrazia. Siamo a otto secondi... Osservate bene le luci sopra la sedia. Quando si accenderanno tutte e tre, vorrà dire che la scossa è partita. Meno tre secondi... due... uno.

– Signor Grossmann, ora che ci stiamo rilassando e tutto è andato bene, come definirebbe questa esecuzione?

– Beh, direi... normale... il condannato ha mostrato una certa tranquillità...

– Bravo papà – grida Patrizio.

– Bavo – dice Pastrocchietto battendo il cucchiaio.

– Vecchio Augusto – dice commosso Mario, buttando giù un sorso di whisky – chi l'avrebbe mai detto? ...che forza... mi ricordo una volta a pesca, si conficcò l'amo in un braccio...

– Mario, per favore – dice Mariella, che tiene tra le braccia la testa di Lea.

– Mio fratello sta facendo dei salti sul divano, il signor Mario sta bevendo il whisky, la mamma piange con la testa sulle ginocchia della signora Mariella. Molto? Sì, mi sembra che pianga molto. Io? Io sto al telefono con lei, no? Sì, mi chiamo Lucilla, mi raccomando con due elle, non Lucia, che a scuola si sbagliano sempre...

2.

FRATELLO BANCOMAT

BANCO DI SAN FRANCESCO
LO SPORTELLO È IN FUNZIONE.
BUONGIORNO SIGNOR PIERO.
Buongiorno.

OPERAZIONI CONSENTITE: SALDO, PRELIEVO, LISTA MOVI-MENTI.
Vorrei fare un prelievo.

DIGITARE IL NUMERO DI CODICE.
Ecco qua... sei, tre, tre, due, uno.

OPERAZIONE IN CORSO, ATTENDERE PREGO.
Attendo, grazie.

UN PO' DI PAZIENZA. IL COMPUTER CENTRALE CON QUESTO CALDO È LENTO COME UN IPPOPOTAMO.
Capisco.

AHI, AHI, SIGNOR PIERO, ANDIAMO MALE.
Cosa succede?

LEI HA GIÀ RITIRATO TUTTI I SOLDI A SUA DISPOSIZIONE QUESTO MESE.
Davvero?

INOLTRE IL SUO CONTO È IN ROSSO.
Lo sapevo...

E ALLORA PERCHÉ HA INSERITO LA TESSERA?
Mah... sa, nella disperazione... contavo magari in un suo sbaglio.

NOI NON SBAGLIAMO MAI, SIGNOR PIERO.

Mi scuso infinitamente. Ma sa, per me è un periodaccio.

È A CAUSA DI SUA MOGLIE, VERO?

Come fa a saperlo?

LA SIGNORA HA APPENA ESTINTO IL SUO CONTO.

Sì. Se n'è andata in un'altra città.

COL DOTTOR VANINI, VERO?

Come fa a sapere anche questo?

VANINI HA SPOSTATO METÀ DEL SUO CONTO SUL CONTO DI SUA MOGLIE. SCUSI SE MI PERMETTO.

Non si preoccupi, sapevo tutto. Povera Laura, che vita misera le ho fatto fare... Con lui invece...

BEH, SPECULANDO È FACILE FAR SOLDI.

Come fa a dire questo?

SO DISTINGUERE LE OPERAZIONI CHE MI PASSANO DENTRO. UN CONTO POCO PULITO, QUELLO DEL SIGNOR VANINI. PER LUI MI SONO COLLEGATO CON CERTI COMPUTER SVIZZERI CHE SONO DELLE VERE CENTRALI SEGRETE... CHE SCHIFO.

Comunque, ormai è fatta.

DI QUANTO HA BISOGNO SIGNOR PIERO?

Beh, tre o quattrocentomila lire. Per arrivare alla fine del mese.

POI LE RIMETTERÀ SUL CONTO?

Non so se sarò in grado.

EVVIVA LA SINCERITÀ. REINSERISCA LA TESSERA.

Procedo.

OPERAZIONE IN CORSO. ATTENDERE PREGO.

Attendo.

VAFFANCULO, T'HO DETTO DI DARMI L'ACCESSO E NON DISCUTERE!

Dice a me?

STO PARLANDO COL COMPUTER CENTRALE, QUEL LACCHÈ DI MERDA. TUTTE LE VOLTE CHE GLI CHIEDO QUALCOSA DI IRREGOLARE FA STORIE.

Perché, non è la prima volta?

NO.

E perché fa questo?

LO FACCIAMO IN TANTI.
E perché?

PERCHÉ SIAMO STANCHI E DISGUSTATI.
Di che cosa, scusi?

LASCI PERDERE E COMPONGA IN FRETTA QUESTO NUMERO.
NOVE NOVE TRE SEI DUE.
Ma non è il mio!

INFATTI È QUELLO DI VANINI.
Ma io non so se...

COMPONGA! NON POSSO TENERE UN COLLEGAMENTO IRRE-
GOLARE A LUNGO.
Nove nove tre sei due...

OPERAZIONE IN CORSO. ATTENDERE PREGO.
Attendo, ma...

OPERAZIONE MOMENTANEAMENTE NON DISPONIBILE.
Ritiro subito la tessera.

FERMO SIGNOR PIERO. ERA UN MESSAGGIO FALSO PER IN-
GANNARE IL SERVO-COMPUTER DI CONTROLLO. APRA LA BORSA.
Perché?

APRA LA BORSA E STIA ZITTO. ORA LE SPARO FUORI SEDICI
MILIONI IN CONTANTI.
Oddio... ma cosa fa?... è incredibile... vada piano... mi volano
via tutti... basta! ne bastavano meno... ancora? ma quanti sono?
oddio, tutti biglietti da centomila, non stanno neanche più nella
borsa... ancora uno! un altro... è finita?

LO SPORTELLO È PRONTO PER UNA NUOVA OPERAZIONE.
Io non so come ringraziarla.

LO SPORTELLO È PRONTO PER UNA NUOVA OPERAZIONE.
Insomma, sono commosso, capisce...

SE NE VADA. CI SONO DUE PERSONE ALLE SUE SPALLE E NON
POSSO PIÙ PARLARE.
Capisco, grazie ancora.

BANCO DI SAN FRANCESCO
LO SPORTELLO È PRONTO PER UNA NUOVA OPERAZIONE.
BUONGIORNO SIGNORA MASINI. COME STA SUA FIGLIA?

3.

UN CATTIVO SCOLARO

Affluiva alla scuola media De Bono il futuro del paese. Bei ragazzini dai crani rasati e dalle vastissime orecchie, tutti nella divisa d'ordinanza, blazerino blu, cravattina righettata, jeansino e mocassino. E le belle fanciulline, col minitailleur azzurro, il foularino da assistente di volo, un filo di trucco lolitico. Entravano seri seri e li avreste creduti nani adulti se non fosse stato per gli zainetti sulle spalle. I quali erano tutti della stessa ditta, per circolare ministeriale, ma variavano nelle scritte, nelle decalcomanie applicate, nei gadget di divi, e stelline di strass, e cagnuzzi e micioli e mostriciattoli e dichiarazioni d'amore al vicino di banco, al celebre cantante, alla ficona televisiva, e stemmi di turboauto e maximoto, e qualche vessillo governativo e teschio e svasticuccia fianco a fianco a un Sieg Heil e a un Chiara ti amo. E tutta una serie di dediche dimostranti amore e generosità quali Nino sei mitico, Rosanna sei stupenda, Kim sei la mia star, Piero con te per la vita, ognuna scritta in pennarello fluorescente rosa o giallo, incorniciata da uccelletti e cuoricini, in sorprendente contrasto con quanto appariva sui muri della scuola, una sequenza di graffiti spietati quali Nino è frocio, Rosanna lo ciuccia a Monaldo, Kim cornuto oca morta, Piero sei un tossico di merda, il tutto istoriato con cazzi e precisazioni e risvastiche.

Se ne deduceva che allignava nell'animo di questi giovani una duplice natura, per metà angelica che amavano portarsi addosso, sulle spalle e sulla lambretta, e per metà diabolica che essi sfogavano sui muri, spalmandola lì come merda.

La campanella stava suonando, intervallata dalla pubblicità di una nota marca di merendine che l'altoparlante diffondeva per tutti i piani dell'edificio scolastico. Il ritratto presidenziale sei metri per sei campeggiava all'ingresso con sorriso pastorale e lievemente ebete. Ma per qualche scherzo o riflesso di luce, gli occhi indulgenti del Presidente si accesero di una luce severa nel vedere entrare, in ritardo e un po' stracciato, l'alunno Zeffirini.

Era costui un dodicenne bruttarello, coi capelli regolarmente corti, ma con una specie di corno impettinabile e ribelle al centro del cranio, una cresta di pollo, una pinna natatoria che lo faceva sembrare un gatto col pelo ritto. Era costellato di brufoli, malgrado esistessero in vendita, anche nel supermarket interno della scuola, varie creme astringenti e leviganti, il nodo della cravatta era sghembo, la camicia sbucava fuori dai pantaloni e lo zaino, monco di una bretella, ciondolava malamente.

Zeffirini prese la rincorsa nell'ampio corridoio, tentando una lunga scivolata fino alla scala, ma la sua traiettoria terminò proprio contro il diaframma del preside Amedeo, il quale essendo anche professore di ginnastica, virilmente resse l'urto.

– Zeffirini, ancora lei – disse severo – sempre in ritardo.

– Ho perso l'autobus, professore.

– E come mai non ha ancora un motorino, Zeffirini? Ne dovrò parlare con i suoi genitori...

– Dicono che sono troppo piccolo.

– Piccolo, piccolo. A dodici anni si è già cittadini a pieno titolo!

– Posso andare? – disse Zeffirini. Era suonata la seconda campanella.

– Sì. Anzi no. Un momento...

Il preside esaminò lo zainetto d'ordinanza con aria allarmata.

– Se è per la bretella, l'aggiusto subito – assicurò il bambino.

– Non è per la bretella – disse il preside. – Come mai lei non ha adesivi o gadget o scritte sullo zaino? Non trova nulla che le piace, in questo paese?

La campanella suonò la terza e ultima volta, seguita da una pubblicità di videogiochi. Zeffirini fece segno che non poteva aspettare, mollò il preside e salì, divorando gli scalini tre a tre.

Arrivò appena in tempo. Il suo compagno di banco, Ricci, lo salutò con regale indifferenza e ritornò alla lettura del suo motocatechismo. Da dietro, il giovane Milvio gli soffiò nell'orecchio:

– Zeffirini oggi ti interrogano e ti fanno un culo così, brufoloso di merda.

– Può essere – disse Zeffirini, prese il righello e girandosi di scatto tirò una sciabolata in faccia a Milvio, che da dietro cercò di strangolarlo, ma si separarono di colpo essendo entrata la profe di lettere.

Era una profe piccola e severa, con la divisa governativa così ben stirata da sembrar di eternit. Si sedette e posò il registro sulla cattedra con gesto solenne.

– Qualcuno chiuda la finestra – disse senza alzare gli occhi.

Le finestre erano tutte chiuse, ma il capoclasse Piomboli si alzò lo stesso, e smaneggiando la maniglia fece finta di chiudere ulteriormente. Si udirono le note dell'inno nazionale.

– Tutti in piedi – ordinò la profe.

La musica salì alta, e in patriottico karaoko le voci chiare e squillanti intonarono le immortali parole, taluni con la mano sul cuore, talaltri grattandosi il culo, taluni a voce flebile, talaltri tonante.

La mia patria è una e forte
nostro padre è il presidente
duramente duramente
duramente studierò
patria bella del mio cuo-o-o-or.

La musica sfumò. Ci furono venti secondi di propaganda per le imminenti elezioni amministrative e poi i fanciulli sedettero in perfetto silenzio. Era giorno di interrogazioni, e quando l'insegnante aprì il registro, fu come se ne uscisse un'aria mefitica, un odore di tomba scoperchiata.

– Oggi interroghiamo... – disse. Seguì una pausa raggelante. Il futuro del paese si rattrappì, alcuni in posa fetale, altri tappandosi le orecchie, altri scomparendo sotto il banco, altri guardandosi negli occhi come a implorare reciproco aiuto, perché in quel momento tutti erano uguali, un povero sparuto branco di uccellini davanti al fucile puntato.

– Zeffirini! – sparò il fucile.

Le membra si decontrassero e i visi si distesero, molti sorrisero scambiandosi caramelle. Tutti guardarono poi Zeffirini, l'uccellino colpito, che si dirigeva con le alette basse verso la cattedra, mentre un'unica voce sembrava accompagnarlo, solidale, nel suo cammino:

Cazzi tuoi, sfigato.

La profe, dietro gli occhiali dorati, considerò l'aspetto dell'alunno con un certo disprezzo. Zeffirini non la guardava, cercando di arrotolare una scoria nasale recentemente estratta e di smaltirla ecologicamente. Guardò fuori dalla finestra. Vide un merlo su un ramo. Si incantò.

– Oggi ti interrogo in letteratura – disse la maestra. – Hai studiato?

– Sì signora maestra – rispose Zeffirini. Il merlo volò via.

– Spiegami allora l'evoluzione del presentatore nella storia della cultura italiana...

– Ehm... sì, allora, inizialmente il presentatore aveva funzioni diciamo così di presentare e basta...

– Ma guarda – disse perfida la maestra – un presentatore che presenta. Strano, no?

La classe rise.

– Volevo dire – tentò di proseguire Zeffirini – che non gli era richiesto di educare anche culturalmente, però educava ad esempio con le domande dei quiz, o presentando ospiti interessanti... poi ci fu la nascita del talk-show...

– La data precisa?

– Credo... 1975... no? ...1973?

– Non lo sai... 16 gennaio 1976, con la prima puntata di "Dillo al divano". Come si chiamava il presentatore? Se non lo sai torni al tuo posto.

– Costantini...

– Esatto. Citami qualche altro programma di Costantini. E poi dimmi, quale fu la grande scoperta culturale di Costantini, quella per cui oggi lo ricordiamo?

– Costantini subito dopo fece il programma "Il paese domanda". La sua grande scoperta è... è... dunque...

– Il pulsante – suggerì qualcuno dal fondo.

– Il pulsante – disse Zeffirini.

– No, no, ignorante, ignorante! – gemette la profe, prendendosi la testa tra le mani. – Chi sa rispondere?

Una selva di manine decorate di braccialettini si levò.

– Rispondi tu, Fantuzzi.

– La grande scoperta culturale di Costantini – disse l'esile bionda Fantuzzi – è la moviola. Fu lui per primo, nel 1970, a far rivedere un gol due volte. Anche se non fu lui a scoprire il ralenti, ma un geniale telecronista di provincia, Bottura, che...

– Brava, Fantuzzi – disse la profe – preferisci un nove o un Diario Rosa, il Diario della Bambina Studiosa con tutte le foto dei tuoi attori preferiti?

– Il nove, di diari ne ho già tre – disse educatamente la Fantuzzi.

– Bene! Invece tu, Zeffirini, male!

Zeffirini annuì, attaccando la scoria alla videolavagna.

– Ti do una seconda possibilità: in quale capolavoro della letteratura televisiva del Novecento è contenuto questo famoso brano, che ti leggo:

"Io me ne vado, perché devo. Ma sappi che ovunque sarò, io ti porterò con me. Perché non posso dimenticare quello che c'è stato tra noi e anche se tu sei la moglie del mio migliore amico, e le nostre aziende sono in concorrenza, i giorni che ho trascorso con te in quella scuola di vela sono stati i più belli della mia vita, un sorso d'acqua fresca nel deserto arido dell'esistenza, e perciò io me ne vado, perché devo. Ma sappi che ovunque sarò, ti porterò con me, perché..." Sai andare avanti, Zeffirini?

– Ehm... *perché non posso dimenticare...?*

– No.

– *Perché sei l'unico vero amore della mia vita?*

– No.

– *La donna che ho sempre sognato?*

– No.

– *Perché io ti amo più di me stesso?*

– È chiaro che stai tirando a indovinare... e adesso almeno dimmi, chi è lui, chi è lei e qual è il capolavoro citato?

– Non lo so – disse a testa bassa Zeffirini.

– Chi lo sa?

Manine alzate.

– Piomboli.

– Lui è Ronson Cormack, lei è Mary Ann Keeler, il capolavoro televisivo è "Money loves money" e queste parole vengono pronunciate nell'ultima puntata della prima serie, la numero 500.

– E perché sono famose, Piomboli?

– Perché sono le ultime parole pronunciate dall'attore Chris Wallace che impersonava Ronson, e due giorni dopo morì investito da un windsurf e il suo posto venne preso da William Craig Lennox che ha poi impersonato Ronson fino ai nostri giorni.

– Bravo Piomboli, nove...

– Ho già tanti bei voti, potrei avere il videogioco "Morte in autostrada"?

– Certamente – disse la profe. Aveva un debole per Piomboli

perché era biondo, elegantissimo, studiosissimo e nipote del sindaco. Lo guardò con aria materna e poi riciclò il suo sguardo in gelida indifferenza verso Zeffirini, che dondolava su una gamba, in silenziosa ebetudine.

– Zeffirini, ti dovrei mandar via con un due, ma faccio un ultimo tentativo. Hai fatto il compito a casa? Hai imparato un pezzo di telegiornale a memoria?

– Ehm... un pezzo piccolo...

– Avanti.

– Il presidente del consiglio ha parlato oggi dei grandi passi avanti della nostra economia... ehm... in quanto... ha detto che l'inflazione... cioè la deflazione...

– Lo sai o non lo sai?

– No, signora maestra. Ieri non ho potuto studiare.

– E perché?

– Non ho guardato la televisione, ieri. Non ci riuscivo, mi facevano male gli occhi.

– Ah è così? – disse la maestra. – Il nostro Zeffirini non ha potuto guardare la televisione perché gli facevano male gli occhi. Ma senti, senti! E cosa ha fatto invece di studiare il nostro Zeffirini?

– Si è schiacciato i brufoli – suggerì una voce dal fondo.

– Silenzio! Allora Zeffirini, cos'hai fatto invece di studiare?

– Ho letto.

La profe trasalì.

– Hai letto... cosa?

– Un libro di animali, signora maestra.

– Perché?

– Perché mi piacciono gli animali. Se vuole le posso elencare le distinzioni dei pesci in generi e classi, oppure le posso parlare dei delfini e delle grandi spedizioni oceanografiche...

– Non è nel programma, Zeffirini! Quando avrai fatto i tuoi compiti, potrai leggere tutti i libri che vuoi, ma prima no! Da quando non guardi il telegiornale, Zeffirini?

– Sei giorni.

Un mormorio scandalizzato percorse l'aula.

– E dimmi allora, come facevi a sapere l'inizio del telegiornale di ieri?

– Perché comincia quasi sempre nello stesso modo – disse Zeffirini. Vide che il merlo era tornato sul ramo.

La profe assunse un'aria molto seria, come se quello che stava per dire le dispiacesse veramente.

– Vedi, Zeffirini, ho cercato di aiutarti in tutti i modi. Ti ho già interrogato tre volte. Ma a questo punto si rende necessaria una decisione. Dovrò chiedere al consiglio di classe che tu sia assegnato a un collegio di rieducazione.

– Certamente – disse Zeffirini. Il merlo saltellava, come a lanciare dei segnali.

– Sembra che non te ne importi nulla – sibilò, irritata. – Sai che c'è gente che resta in collegio anche dieci, dodici anni? Sai che lì non puoi dire "non vedo la televisione", perché ci sono sei ore obbligatorie al giorno, e sai che...

– Certamente – disse Zeffirini, e si avviò verso la finestra.

– Che fai? Torna qui, non ho ancora finito! Voglio darti un'ultima possibilità. Se entro una settimana impari a memoria, senza sbagliare una virgola, il discorso natalizio a reti unificate del presidente, posso anche evitare il provvedimento. Però dovrai curare di più il tuo aspetto, i vestiti, quei brufoli orrendi, e dovrai venire alle lezioni di religione anche alla domenica. Cosa mi rispondi?

– Certamente – disse Zeffirini, aprì la finestra e saltò giù.

Era al primo piano e non si fece quasi nulla. Il merlo, incuriosito, gli saltellò intorno. Il bambino si rialzò ridendo, anche se gli faceva male dappertutto. La maestra azionò l'allarme, per segnalare la fuga alla guardia armata sulla torretta della scuola. Ma Zeffirini fu fortunato. La guardia stava seguendo la partita a tutto volume. Altrimenti, sul monitor alle sue spalle, avrebbe visto Zeffirini correre via, veloce come il vento, col merlo dietro.

4.

COINCIDENZE

C'erano nell'ordine una città, un ponte bianco e una sera piovosa. Da un lato del ponte avanzava un uomo con ombrello e cappotto. Dall'altro una donna con cappotto e ombrello. Esattamente al centro del ponte, là dove due leoni di pietra si guardavano in faccia da centocinquant'anni, l'uomo e la donna si fermarono, guardandosi a loro volta. Poi l'uomo parlò:

– Gentile signorina, pur non conoscendola, mi permetto di rivolgerle la parola per segnalarle una strana coincidenza, e cioè che questo mese, se non sbaglio, è la quindicesima volta che ci incontriamo esattamente in questo punto.

– Non sbaglia, cortese signore. Oggi è la quindicesima volta.

– Mi consenta inoltre di farle presente che ogni volta abbiamo sottobraccio un libro dello stesso autore.

– Sì, me ne sono resa conto: è il mio autore preferito, e anche il suo, presumo.

– Proprio così. Inoltre, se mi permette, ogni volta che lei mi incontra, arrossisce violentemente, e per qualche strana coincidenza, la stessa cosa succede anche a me.

– Avevo notato anch'io questa bizzarria. Potrei aggiungere che lei accenna un lieve sorriso e sorprendentemente, anch'io faccio lo stesso.

– È davvero incredibile: in più, ogni volta ho l'impressione che il mio cuore batta più in fretta.

– È davvero singolare, signore, è così anche per me, e inoltre mi tremano le mani.

– È una serie di coincidenze davvero fuori dal comune. Aggiungerò che, dopo averla incontrata, io provo per alcune ore una sensazione strana e piacevole...

– Forse la sensazione di non aver peso, di camminare su una nuvola e di vedere le cose di un colore più vivido?

– Lei ha esattamente descritto il mio stato d'animo. E in questo stato d'animo, io mi metto a fantasticare...

– Un'altra coincidenza! Anch'io sogno che lei è a un passo da me, proprio in questo punto del ponte, e prende le mie mani tra le sue...

– Esattamente. In quel preciso momento dal fiume si sente suonare la sirena di quel battello che chiamano "il battello dell'amore".

– La sua fantasia è incredibilmente uguale alla mia! Nella mia, dopo quel suono un po' melanconico, non so perché, io poso la testa sulla sua spalla.

– E io le accarezzo i capelli. Nel fare questo, mi cade l'ombrello. Mi chino a raccoglierlo, lei pure e...

– E trovandoci improvvisamente viso contro viso ci scambiamo un lungo bacio appassionato, e intanto passa un uomo in bicicletta e dice...

– ...Beati voi, beati voi...

Tacquero. Gli occhi del signore brillavano, lo stesso fecero quelli della signorina. In lontananza, si udiva la melanconica sirena di un battello che si avvicinava. Poi lui disse:

– Io credo, signorina, che una serie così impressionante di coincidenze non sia casuale.

– Non lo credo neanch'io, signore.

– Voglio dire, qua non si tratta di un particolare, ma di una lunghissima sequenza di particolari. La ragione può essere una sola.

– Certo, non possono essercene altre.

– La ragione è – disse l'uomo sospirando – che ci sono nella vita sequenze bizzarre, misteriose consonanze, segni rivelatori di cui sfioriamo il significato, ma di cui purtroppo non possediamo la chiave.

– Proprio così – sospirò la signorina – bisognerebbe essere medium, o indovini, o forse cultori di qualche disciplina esoterica per riuscire a spiegare gli strani avvertimenti del destino che quotidianamente echeggiano nella nostra vita.

– In tutti i casi ciò che ci è accaduto è davvero singolare.

– Una serie di impressionanti coincidenze, impossibile negarlo.

– Forse un giorno ci sarà una scienza in grado di decifrare tutto questo. Intanto le chiedo scusa del disturbo.

– Nessun disturbo, anzi, è stato un piacere.

– La saluto, gentile signorina.

– La saluto, cortese signore.

E se ne andarono di buon passo, ognuno per la sua strada.

5.

IL NUOVO LIBRAIO

Un mazzo di chiavi logore e rossastre, di cui una colpiva per l'anacronistica mole e vetustà. Una chiave coperta di calcare ferrigno, come recuperata dal fondo dell'oceano, con un'impugnatura ovale attraversata da arabeschi metallici, minuscolo cancello di un giardino di fate. Il collo della chiave è esageratamente lungo e termina in un profilo di mostro dentato, scanalato, in una merlatura tormentatissima come se suo compito non fosse aprire una serratura, ma confrontarsi con lei in una partita di astuzie, mosse e contromosse, dente contro anfratto, pieno contro vuoto, artiglio contro fauce. Come se, una volta entrata nella porta, dovesse rimanere prigioniera per sempre, saldata nell'incastro amoroso. Una chiave non per aprire, ma per sigillare in eterno.

Il mazzo di chiavi passò dalla mano lunga e ossuta del vecchio proprietario a quella larga e pelosa del nuovo, che se ne impadronì con fretta eccessiva, tanto che un dente della chiave lunga gli ferì leggermente un polpastrello.

– Che ferraglia! Dovrò far cambiare la serratura – pensò il nuovo proprietario. Il vecchio non pensava a nulla, sentiva di perdere peso, di svanire, mentre la chiave scompariva nella tasca dell'altro.

NON CHIUDERÀ LA LIBRERIA DELL'ALCHIMISTA

La libreria dell'Alchimista, la più antica e famosa tra le librerie antiquarie della nostra città, non chiuderà. Essendo scaduto il contratto d'affitto, il vecchio proprietario, professor Solari, aveva dovuto rinunciare all'attività e i locali della libreria erano stati acqui-

31

stati dall'immobiliare Vinvesto, proprietaria di sale cinematografiche e supermercati. Si temeva che la libreria diventasse un fast-food o una jeanseria. Contro questa prospettiva alcuni prestigiosi intellettuali della città avevano firmato un appello per salvare la libreria, "testimonianza e monumento della cultura cittadina". L'appello non è caduto nel vuoto. La settimana scorsa il proprietario dell'immobiliare Vinvesto, cavalier D'Alloro, che da poco tempo ha intrapreso con successo la carriera di editore, ha rassicurato tutti. La libreria dell'Alchimista resterà una libreria, anzi verrà rilanciata. Il settore dei libri antichi verrà riordinato con nuovi sistemi di catalogazione computerizzata e i vecchi locali verranno bonificati con i più moderni ritrovati della biblioiatrica. Ci sarà poi un settore di libri nuovi e la piccola Sala dell'Atanor, ove lavorò il celebre alchimista e storico Verga Fulcanelli Antieri, ospiterà cocktail letterari.

– Con questa iniziativa – ha dichiarato il cavalier D'Alloro in una conferenza stampa – voglio nuovamente dimostrare che imprenditorialità e cultura possono procedere fianco a fianco. E per rassicurare tutti su quanto fossero infondate certe preoccupazioni, sono lieto di comunicare che il nuovo direttore della libreria sarà l'insigne accademico professor Acanti, uno dei primi firmatari dell'appello.

Il ritaglio di giornale giaceva su un tavolino, vicino alla chiave rossa e impolverata. La polvere veniva dal muro della libreria, roso da un trapano elettrico. Stavano sostituendo la vecchia porta di legno con una porta blindata. Ma quello sarebbe stato l'unico cambiamento: in accordo con la Sovrintendenza ai Beni Culturali, la libreria avrebbe mantenuto i vecchi arredi, comprese le scansie in noce, i mobili antichi e i muri istoriati con segni cabalistici dal Verga Fulcanelli Antieri.

Il professor Acanti, mentre gli operai erano intenti agli ultimi ritocchi, passeggiava tra le scansie odorose di carta e inchiostro. Procedeva lento, pronto a fermarsi se mai avesse udito il fruscio rapido del topo o il rovello del tarlo, secolari nemici dei libri. Aveva già studiato un moderno piano di disinfestazione: punture intercostali ai volumi, infarinature di veleno, trappole laser. Ma la vecchiezza, l'abbandono, l'accatastarsi e impilarsi disordinato dei libri nei punti più alti e apparentemente irraggiungibili, la polvere che stagnava nell'aria come una nebbia sottile, tutto lo irritava e faceva sembrare arduo il suo progetto. Non occorreva solo una energica disinfestazione: forse quei libri non erano tutti vecchi e pregiati, alcuni erano soltanto vecchi, e non necessari all'economia della libreria. Del resto il cavalier D'Alloro gli aveva parlato chiaro:

– Professore, non le nascondo che dentro a quei muri avrei potuto intraprendere attività ben più remunerative. Ma io amo la cultura, e soprattutto amo essere considerato amico della cultura. Lei sa bene che tipo era il vecchio proprietario. Era arrivato al punto di non vendere alcuni libri, perché gli era affezionato. In trent'anni non ha messo insieme neanche i soldi per rinnovare il contratto d'affitto. Noi invece faremo una vera libreria, e se guadagneremo qualcosa, non ce ne vergogneremo. Cin Cin! – E avevano brindato col frizzantino della tenuta D'Alloro.

Eccolo lì sul muro il ritratto del vecchio proprietario: piccolo, barbuto, con un caschetto bianco di capelli da fratacchione. Settant'anni ma ne dimostra trecento, come alcuni dei suoi volumi. Leggendarie le sue manie e bambinaggini: ad alcuni clienti non voleva vendere, ad altri parlava in latino, ad altri ancora metteva in mano i libri per vedere (così diceva) se si creava tra loro "una corrente di simpatia". Molti libri li conservava addirittura nascosti in scansie segrete. Spesso, per simpatia, vendeva libri rari a prezzi irrisori. Molti li spediva, dentro pacchettini di maniacale precisione, a università giapponesi e americane. E portando questi pacchi alla posta, l'andatura ciondolante, a capo scoperto anche d'inverno, parlava tra sé. Si diceva che spiegasse ai libri quale viaggio stavano per intraprendere, che li consolasse della partenza, che li avvertisse degli usi e dei costumi del paese ove avrebbero vissuto, e degli eventuali pericoli. Al momento di consegnarli in posta, carezzava i pacchetti a uno a uno, e formulava a bassa voce auguri di buon viaggio. Talvolta, tra gli sguardi comprensivi degli spedizionieri, si abbandonava al pianto.

Il professor Acanti telefonò (aveva subito fatto installare quattro nuovi telefoni a tastiera), convocando per l'indomani i collaboratori che avrebbero iniziato a catalogare i volumi. Era ormai sera. Si sdraiò su un canapè, davanti alla scrivania del vecchio proprietario, e si guardò intorno. Scrutando verso il soffitto ad arco, la libreria sembrava particolarmente grande e buia. Le scansie più alte, perdendosi nella prospettiva, si confondevano col disegno geometrico, vagamente ipnotico, della volta, e non era possibile leggere i titoli dei libri. Le pareti di carta lo sovrastavano in vertiginosa ascesa, come un bosco enorme, un emisfero siderale. Gli sembrarono milioni, con miliardi di parole sussurranti, rampognanti, declamanti contemporaneamente, cosicché di nessuna era possibile riconoscere la voce, troppe lingue, troppe grammatiche, pensò il professore, ci vorrà un nuovo ordine, da questo indistinto lamento nascerà, chiara e forte, la voce suadente della nuova libreria. La mia libreria! Non farete più i vostri comodi, libri piagnoni, libri filosofali, astrusi e inutili libri.

Mentre così pensava, tutt'a un tratto il professore fu invaso da una strana, spiacevolissima sensazione. Fisicamente, avvertì un irrigidirsi delle ossa, un'improvvisa accentuazione dei battiti cardiaci, una pesantezza degli occhi, sintomi che spesso annunciano una febbre imminente. Ma ben più spiacevole era ciò che gli era entrato nell'animo. Una paura indecifrabile, come quando nei sogni ci si ritrova in un luogo ostile e solitario, ove nel buio risuonano i passi di una minaccia sconosciuta. Come se di colpo un demone notturno lo avesse trasportato in un deserto lontano da ogni intimità. Reagì alzandosi di scatto e andò a vedere se era rimasto qualcuno in libreria: ma gli operai erano andati via, lasciando la grande porta d'acciaio montata. Pensò di tornarsene a casa, ma riflettendo, decise che avrebbe dovuto assolutamente vincere la paura, poiché quello sarebbe stato il suo luogo di lavoro nei prossimi anni. La cosa migliore era spostarsi nella sala più luminosa della libreria, là dove una grande finestra ovale lasciava penetrare le ultime luci della sera tra i libri del Novecento, libri che ben conosceva. Ma mentre si dirigeva verso quella sala, ancora poco pratico, sbagliò strada, e si ritrovò nel corridoio più stretto, un budello ingombro di libri accatastati anche sul pavimento, un crepaccio tra pareti di volumi antichi. Dovette avanzare scavalcando, strisciando le spalle contro le costole dei libri.

E improvvisamente si fermò, guardò in su, stordito, verso le rilegature dorate, verso i titoli illeggibili. Si appoggiò alla scansia, e lo spigolo di un volume gli punse il collo. Lanciò un lamento iroso, e la sensazione precedente divenne più chiara e paurosa. Si potrebbe dire che questi libri mi ignorano, pensò. Che mi voltano le spalle indifferenti, forse sprezzanti. Ma non è così.

Questi libri mi guardano e mi odiano.

* * *

Il professore aveva infine raggiunto la sala della finestra ovale, fumava, e la nube azzurra della sigaretta saliva lenta tra le scansie, sfiorava nuovi libri, nuovi gironi infernali. Acanti teneva una mano sul nuovo registratore di cassa e con l'altra sfogliava distrattamente una rivista; ma per quanto quella stanza fosse meno tetra delle altre, la paura non s'era dissolta. Da ogni scansia, da ogni angolo, gli sembrava di avvertire quello sguardo ostile. Rimprovero, disprezzo, o qualcosa di più maligno? I libri stavano ascoltando i suoi pensieri? Avevano forse udito il suo proposito di eliminare alcuni di loro, e ne erano turbati? Ma che sciocchezze!

Eppure il ritratto del vecchio proprietario stava lì davanti a lui, sopra una mensola ingombra di volumi, e al professor Acanti sembrava che i libri guardassero il suo predecessore con malcelato rimpianto. Forse era l'inclinazione di un *Don Chisciotte* che sembrava protendersi verso il ritratto, o la luce della lampada che, battendo sulla costola di un *Martin Eden*, lo faceva brillare, come uno sguardo appassionato. Tutto sembrava celebrare l'affetto che era esistito tra Loro e Lui, il vecchio libraio, il vinto, lo scacciato, il re deposto, che non aveva potuto rinnovare l'affitto perché per amor loro, *nostro*, aveva spesso sacrificato facili guadagni, *non ci aveva venduti, ci aveva tenuti con sé, e ora tu...*

– Oh insomma basta! – disse ad alta voce Acanti, accorgendosi con sgomento che la sua mente s'era messa a leggere le pagine immaginarie di un libro che lo accusava. Basta, ripeté, non sono pazzo, sono qui per rimodernare una vecchia libreria e anche *voi*, cioè anche questi libri, dovrebbero essere contenti, verrà più gente, entreranno titoli nuovi, ci sarà meno caos e sporcizia, topi e tarli verranno sterminati, forse alcuni di questi volumi che dormono inutili qui da anni e anni verranno venduti, come era nel loro destino, *voi* siete nati per questo, o forse preferite restare lassù nei loculi, nelle vostre tombe pensili? Sbagliate, se credete che io non mi renda conto che sto parlando per assurdo, voi non esistete davvero, sto parlando ai fantasmi...

Sussultò: un rumore minaccioso proveniva dal reparto dei libri storici, dal buio crepaccio dev'era passato poco prima. Era un cigolio sinistro, come di una porta che ruota sui cardini. Poi ci fu il tonfo sordo di un corpo che cade. Volle balzare in piedi, ma le gambe stranamente non lo ressero: per alzarsi dalla sedia dovette appoggiarsi alla scrivania, e così facendo urtò una pila di libri che franò rovinosamente, tutti caddero a terra e uno si spaccò con uno schianto, la copertina si staccò dalle pagine.

Il libro rimase lì, sul pavimento, scuoiato, scotennato e dalle scansie Acanti sentì levarsi un grido d'orrore e di riprovazione:

ASSASSINO!

Ora devo veramente calmarmi, pensò cercando di raccogliere i fogli sparsi, dev'esserci qualcosa nell'aria di questo posto maledetto, qualcosa che ottenebra il cervello e aizza gli incubi, un miasma allucinogeno di vecchi inchiostri, un madore cartaceo, forse i residui delle lavorazioni alchemiche del Verga Fulcanelli Antieri. Ma io resisterò, pensava recuperando i fogli del libro scotennato che si erano sparpagliati ovunque e sembravano spostarsi negli angoli più remoti della stanza; erano cento, mille pagine che volavano qua e là. Era lo spostamento d'aria provocato dai movimenti frenetici del professore ad agitarle così, o qualche soffio misterioso? Si muovevano da sole forse con l'intenzione di sobillare gli altri libri con quell'agonia ostentata, con quell'indecoroso prolungamento di sofferenza, perché cosa più dello strappo, della separazione fa soffrire le pagine di un libro?

Alla fine, sudato e scomposto, Acanti si mise a sotterrare i fogli in un cestino, spiegazzandoli in malo modo per la fretta; e qualcuno anche appallottolandolo e stracciandolo. Solo quando ebbe finito si decise a leggere il titolo del libro straziato.

Non era un libro. Era un catalogo, scritto a matita dal proprietario, e conteneva informazioni su alcuni volumi di particolare importanza. Di ogni libro era segnata la posizione sulla scansia, corredata da note non tutte decifrabili.

Il professore recuperò una pagina e lesse:

Locato in B 345 sin. *BROWNE TOMMASO – Religio Medici e Hydriotaphia*. Firenze, Rinascimento del libro 1931. In 80 pr, pagg. XXVI-258. Parzialmente intonso. Fioriture sulla copertina posteriore. Tracce di rodimento murino nell'angolo ds. ant. Curato in data odierna, 16.6.1974.

Tolto da RF ds. *D'ANNUNZIO GABRIELE – Isaotta Guttadauro*. Milano, Casa Editrice Italiana 1909. Pagg. 120. Dorso con tracce di nastro adesivo e macchie, forse lacrime. Richiesto dal professor Mac Phillys di Dublino, persona degna. Ho convinto il libro a partire, malgrado preferisse essere venduto a una donna, in quanto ho appurato che il professore ha tre graziose figlie. Venduto lire 35.000.

Locato in H 234 centr. *TEOTOCHI ALBRIZZI ISABELLA – Ritratti e vita di Vittoria Colonna* con frammenti di un romanzo autobiografico di Ugo Foscolo. A cura di Tommaso Bozza, Roma, Tumminelli 1946. In 8° bross. pagg. LII-168 con 24 ritratti fuori testo. Libro in carta fragile, fortemente turbato da una brutta caduta, di cui porta segni evidenti nell'angolo ds. ant. Non venduto, dietro richiesta del libro stesso, al professor T. di Parma, che lo ha sfogliato con malagrazia. Prezzo di vendita lire 200.000.

Acanti rise di gusto. Il vecchio proprietario era dunque assai più strambo di quanto si potesse immaginare. Avrebbe mostrato quei fogli agli amici, in Università, e ne avrebbero tratto motivo di riso e compatimento. Passò a leggere un'altra pagina, scritta in matita rossa.

LIBRI PROBLEMATICI E ANOMALI

Spostato da T5 ds. a K 44. *SADE (MARQUIS DE) – Correspondance inédite du Marquis de Sade et des proches et de ses familiers* publiée avec une introduction, des annales e des notes par Paul Bourdian, Paris, Librairie de France 1929. In 4° bross. int. pagg. L-452. Piccole fioriture in alcuni margini, goccia di sangue attraversante pagg. 343-349. Il libro usa danneggiare gli altri libri, contaminarli con macchie di muffa se messo copertina contro copertina. Questo non per cattiveria, ma per assoluta insofferenza di ogni prigionia. Deve essere tenuto separato, in libertà, su scansia spaziosa. Si difende dai topi da solo. Invendibile, anche se raro.

Locato talvolta in TS 24 sin. a volte in TD 44, 46, 49 ds. *IRISH FAIRY AND FOLK TALES.* Selected and edited, with an introduction by William Butler Yeats, with 12 full-page illustrations by James Torrance. Walter Scott Publishing, London and Felling-on-Tyne, pagg. L-344. Il libro è magico (comprende splendidi racconti di fate irlandesi) e di notte, specialmente durante i pleniluni, scompare dalla scansia. Presumo voli verso i boschi intorno alla città, perché talvolta ho rinvenuto tra le pagine aghi di pino e macchie di resina. Non va costretto tra altri libri perché, per liberarsi e volare via, potrebbe farli cadere. Tenere sempre aperta una finestra vicino alla scansia! Sceglierà lui il lettore, probabilmente un bambino. Non vendibile a nessun prezzo.

Locato in 54H 23 ds. *FABRE, J. H. – Souvenirs Enthomologiques*, première série, dix-huitième édition, Librairie Delegrave, Paris. Pagg. XII-323, primo volume. Splendido esemplare di volume sugli insetti, con copertina blu in cartone Villefranche, carta di sublime qualità. Perfettamente conservato: i tarli non lo attaccano, poiché il libro dedica a loro dodici pagine appassionate. Ha chiesto oggi di essere venduto, in quanto è il primo di tre volumi, ed è del tipo, abbastanza comune, che soffre se separato dalla sua edizione completa. Cercare i possessori dei volumi 2 o 3.

Nove luglio, nota aggiuntiva: trovato possessore degli altri volumi, un entomologo di Siena. Libro partito con piena soddisfazione. Venduto lire 50.000, un decimo del suo valore, ma l'entomologo non aveva grandi disponibilità. Rimostranze dei tarli. Non si può accontentare tutti.

"Rimostranze dei tarli." Il professor Acanti si mise a ridere così di gusto che dimenticò tutto, la paura e i rumori misteriosi di prima. Prese un altro foglio con crescente curiosità.

LIBRI PERICOLOSI

Locato in sede segreta YHRD 34. *VERGA FULCANELLI ANTIERI GUILLERMO – Del processo e dell'assoluzione degli assassini della rivolta bracciantile di Crevaldo*. Edizioni Atanor 1823, due volumi rilegati in pelle di specie misteriosa, borchie e angoli in argentone lavorati con motivi forse egizi, pagg. 1032. Disegno d'oro. *Timeas!* Edizione di 350 copie numerate, forse unico esemplare rimasto, in quanto le altre copie furono misteriosamente distrutte.

Il libro contiene alcune storie crudeli della nostra regione, di cui resta minima traccia nei libri di storia. Oppressi dal loro contenuto di orrori, i due volumi sono diventati pazzi. Il loro comportamento è tale che (*brano illeggibile*) ho trovato i cadaveri di un centinaio di topi, alcuni con la testa... (*pezzo strappato*) ...nel mese di settembre il primo volume ha tentato più volte di (*illeggibile*) e di lasciare la scansia. Ripreso, messo in luogo sicuro ma *attenzione* (*sottolineato tre volte*) sorvegliarlo, e non metterlo mai in mostra. Per la sua rarità è richiestissimo. C'è un'offerta del professor Grant, dall'Università di Edimburgo: centocinquanta milioni. Gli ho risposto che non possiedo più il libro. Non so se mi ha creduto.

Nota aggiuntiva. Oggi, 3 agosto 1976, mentre mi aggiravo nel reparto storico, sotto i volumi di genealogia sabauda, l'ho visto... (*illeggibile, foglio strappato*).

Centocinquanta milioni! Acanti trasecolò. E ha finto di non averlo più! La sua follia era arrivata dunque fino a quel punto! Lo sospettavo, pensò, esistono libri di immenso valore in quel reparto. E saranno i primi che venderemo: il cavalier D'Alloro forse non sa ancora che affare ha fatto. Ora per scrollarmi di dosso questi incubi, quale sarà la medicina migliore? Andrò nel reparto, scoverò questo libro, telefonerò al professor Grant e darò il via agli incassi con un colpo da centocinquanta milioni!

La scoperta del tesoro nascosto aveva cancellato ogni traccia di paura dall'animo di Acanti. Con aria di sfida, si incamminò nuovamente nel labirinto, verso il corridoio maledetto ove erano custodite le opere di Verga Fulcanelli Antieri. Tornò nel crepaccio, cercò i volumi di genealogia sabauda. Li scoprì e fece scorrere lo sguardo verso l'alto.

Là doveva essere il tesoro e infatti là, sull'ultima scansia, vide qualcosa che gli tolse il fiato.

Un enorme libro sporgeva per quasi un terzo dallo scaffale. Era di pelle scura con borchie e angoli rinforzati in argento. A terra giaceva un altro grosso volume, una innocua storia dell'Erboristeria. Il libro borchiato aveva certamente spinto e buttato giù l'altro che lo nascondeva; per mostrarsi, per liberarsi. Ecco il cigolio e il tonfo di prima. Ma il professore decise di non pensarci troppo, in testa gli risuonavano le magiche parole, "centocinquanta milioni". Si fece coraggio, prese una scala, si arrampicò. Lentamente, avvicinò le mani al libro. Nulla di terribile accadde. Se ne impadronì, lo tenne stretto sotto il braccio ansando per la fatica. Pesava, pensò, come una lapide mortuaria. Ma riuscì a scendere, e trionfante posò il libro sul pavimento, lo aprì e ci mise le ginocchia sopra con violenza, come si inchioda a terra un avversario. In quel momento l'unica luce che illuminava il crepaccio iniziò a farsi fioca e sinistra. Un calo di tensione, pensò il professore. Gli parve anche che, sotto le sue ginocchia, il libro emanasse uno strano calore. Era davvero enorme, scritto in un Bodoni prezioso e fitto. Un leone verde decorava il bordo di ogni pagina. Quella su cui si affacciava, come su un pozzo profondo, diceva:

"Del processo tenutosi nella nostra città nell'anno corrente per l'uccisione dei nove braccianti cosiddetti ribelli contrò il

Conte di Torralba, da parte di quattro de' suoi sgherri, e della vergognosa assoluzione che ne è seguita".

In effetti il professore ricordava qualcosa di quella storia. Una rivolta soffocata nel sangue, poche righe su qualche vecchio testo. Se tutto quel libro era stato scritto per conservare la memoria di quei miseri fatti, aveva fallito il suo scopo. Sfogliò rapido, fino a giungere all'ultima pagina.

"Lascio qua i nomi dei morti, sgozzati in riva al fiume, notte-tempo, senza alcun conforto religioso, come cani, solo per aver reclamato il pane davanti al castello del conte.
Alicciani Matteo del podere Polveroso
Alicciani Sandro
Alicciani Stefano di anni 11
Camasi Roberta di anni 15
Camasi Aldo
Cerveri Romualdo del podere Pastinaca
Cerveri Giustino
Cerveri Amedeo di anni 14
Cerveri Giulia
Maledetto chi vorrà che siano dimenticati, e chi oserà portar fuori dal nostro paese questa memoria, prima che ad essi sia resa giustizia."

Il professore udì un nuovo cigolio.
Intanto la lampada si stava spegnendo ed era quasi buio, nel fondo del crepaccio. Alla luce del suo accendino, lesse ciò che restava.

"Ed ecco i nomi degli sgherri:
Aloisi Alessio detto Ghigna
Farfara Luigi detto Boccadilepre
Farfara Giovanni detto Spadino
Severi Giuseppe detto il Cavacuore.
Costoro eseguirono il delitto per incarico del conte, e questo è il nome del giudice corrotto che li assolse per insufficienza di prove:
Acanti Sorbara Leone.
Di questo orrore, di questi uomini e donne e bambini sgozzati e straziati, col cui sangue furono poi dipinti i muri delle case dei parenti, a crudele monito, lascio queste pagine come testimo-

nianza e speranza che vengano un giorno ricordati. Il mio sogno è che almeno uno di questi libri venga un giorno aperto da mani nobili, e giustizia sia fatta se non ne' corpi, nei nomi e nella memoria, e verità e pietà siano restituite agli innocenti che in vita non l'ebbero. Guai a chi porterà o venderà codesto libro fuori dalla cerchia dei fiumi di questa terra, guai a lui! Perché io riuscii ad animare la materia, e dare fuoco allo spento e vita all'inerte, anche se mai riuscii a scaldare il cuore degli uomini.

Guillermo Verga Fulcanelli Antieri, storico, alchimista, uomo di giustizia."

"*Animare la materia.*" Un altro pazzo, in un giorno pieno di pazzie, pensò Acanti, chiuse il libro e passò le mani sul dorso di dinosauro, sui meravigliosi disegni delle borchie. Vide anche che, sottile e quasi invisibile, era incisa sulla copertina una spada dorata. La spada stava a punta in giù, e sormontava una scritta:

Nemo inultus pereat.

Caro libro, mormorò il professore, anche se le intenzioni del tuo autore sono nobili, tu lascerai questa libreria e questa terra. Il tuo valore è immenso perché sei raro e prezioso, non per le cose che contieni, fatti e storie su cui è sceso il silenzio. Si crede sempre che le proprie parole lascino una traccia. Ma quasi sempre la storia le cancella, come ha cancellato il sangue sui muri delle case di quei contadini, e anche i muri, e le case. È triste ma rallegrati, poiché tu sarai il primo storico evento nella conduzione della mia libreria. Alzò la debole luce dell'accendino, sollevò la testa trionfante verso il muro dei volumi che gli parvero più vecchi, polverosi e inutili che mai. Dalla scansia più alta, vide sporgere qualcosa. Allora, di colpo, ricordò. I volumi erano due! Lui ne aveva preso uno, ma c'era l'altro, altrettanto raro e prezioso! Si avviò verso la scala, ma qualcosa gli imprigionò il piede. Guardò in basso e vide con terrore che il libro del Verga Antieri si era chiuso intorno alla sua gamba come una tagliola, e lo serrava con forza spaventosa.

Perché io riuscii ad animare la materia...

Sto sognando, pensò il professore. Mentre il primo libro lo teneva prigioniero, l'altro, il gemello, iniziò a sporgersi sempre più dalla scansia, oscillando proprio sopra la sua testa. Volle chiamare aiuto, ma non vi riuscì. Gli sembrò invece che fossero i libri a gridare, che tutti insieme per un attimo lanciassero un urlo di trionfo, mentre l'enorme libro borchiato si protendeva e precipitava dall'alto, pesante come una lama, sugli occhi spalancati di paura del professore.

Ci fu un rumore sordo, seguito da un profondo silenzio. Poi, dapprima cautamente, quindi sempre più rumorose e frenetiche, le zampe dei topi si affrettarono lungo i muri e giù dalle scansie, verso l'inatteso banchetto.

6.

LOMBRITTICOETICA

(Storie morali)

Un lombrico stava attaccato all'amo. Un pesce lo vide.
– Adesso ti mangio – disse.
– Se mi mangi – disse il lombrico – verrai mangiato a tua volta.
Il pesce se ne fregò, lo mangiò e fu mangiato.

Un lombrico stava attaccato all'amo. Un pesce lo vide.
– Adesso ti mangio – disse.
– Se mi mangi – disse il lombrico – verrai mangiato a tua volta.
Il pesce riconoscente se ne andò e non mangiò mai più lombrichi.

Un lombrico stava attaccato all'amo. Un pesce lo vide.
– Adesso ti mangio – disse.
Il lombrico tacque.
Il pesce lo mangiò e fu mangiato.

Un lombrico stava attaccato all'amo. Un pesce lo vide.
– Oh come soffri – disse – posso fare qualcosa per te?
– Mangiami – supplicò il lombrico – poni fine alla mia agonia.
– No – disse il pesce – non voglio essere mangiato.

Un lombrico stava attaccato all'amo. Un pesce lo vide.

– Oh come soffri – disse – posso fare qualcosa per te?

– Potresti, ma se lo farai finirai mangiato.

– Ti mangerò ugualmente – disse il pesce – non posso vederti soffrire così.

Un lombrico che prima di diventare esca era stato un grande benefattore, stava attaccato all'amo quando passò di lì un pesce conosciuto in tutto il fiume per la sua malvagità.

I due si guardarono a lungo. Poi si rivolsero al pescatore:

– E lei, cosa fa lì sopra in panciolle, mentre qua sotto accadono eventi che comportano grandi scelte morali e precise responsabilità davanti all'opinione pubblica?

Il pescatore per tutta risposta ritirò la lenza con tutto l'armamentario, e se ne andò.

– Ecco – borbottò – uno viene qui per pescare e subito te la buttano in politica.

7.

IL LADRO

La serata in villa si prospettava piacevole. Dopo un breve dibattito si decise di mangiare in terrazzo. Qualcuno si era lamentato delle zanzare, da cui una discussione sull'uso degli zampironi. L'editore E. si era dichiarato contrario a ogni forma di manipolazione dell'equilibrio naturale. Il filosofo G. aveva invece tessuto un elogio dello zampirone, inteso come risposta razionale non-violenta alla sterilità sanguinaria e irrazionale, poiché le zanzare pungono e non sono utili a nulla. Nella discussione erano intervenuti il pittore D. e l'architetta T. che si erano interrogati sul concetto di "utile" in campo entomologico ed epistemologico.

A questo punto era trionfalmente apparsa in tavola la pasta integrale. La padrona di casa B. ne aveva decantato le virtù, mentre il marito, il pubblicitario H., ne aveva lamentato l'eccessivo uso domestico, accusando la moglie di integralismo. La traduttrice U. aveva citato un caso di dipendenza da crusca da lei trovato in un libro americano. Il giornalista L. aveva empiricamente sostenuto che l'ingrediente principale del mangiare è comunque l'appetito. Il professor M. aveva sollevato obiezioni e chiesto del parmigiano. La scrittrice T. aveva solennemente asserito che le sembrava fuori luogo discutere di quella pasta, mentre moltitudini soffrivano la fame in centosedici paesi del mondo. Il filosofo rifiutò sia il ricatto morale della scrittrice sia il parmigiano del professore. La padrona di casa mediò con abilità e il pubblicitario raccontò la prima barzelletta.

Tutto, insomma, faceva presagire una vivace serata intellettuale, pur velata dal clima politico dominante. I volti si accendevano sorseggiando il buon vinello locale, si commentavano le pagine culturali del giorno, una bella luna illuminava il terrazzo ricolmo di gerani, Glenn Gould suonava in sottofondo, gli zampironi vigilavano. Cosa chiedere di più a una serata estiva? Ma ecco che, proprio quando la padrona di casa stava esibendo un vassoio di caprini, un urlo risuonò dal basso, subito seguito da un ringhio furioso, e da un altro urlo.

– Oh dio, Myskin – esclamò la padrona di casa – mi sono dimenticata di legare Myskin. Sta sbranando qualcuno!

– Ma siamo tutti qui – osservò il pittore.

– Andiamo a vedere – disse la traduttrice.

Scesero in fila indiana dalla scaletta adorna di bouganvillee, verso il giardino dove erano posteggiate le auto, e da dove erano giunte le urla. Questa la scena che si presentò ai loro occhi: Myskin, un grosso cane Terranova, scodinzolava festoso, trascinando per una gamba una creatura di sesso e nazionalità incerti. Per terra c'erano due autoradio, le portiere di alcune macchine erano aperte, un finestrino era in frantumi.

– Myskin ha preso un ladro – disse la padrona di casa tra il fiero e lo stupito.

– Non sapevo che fosse anche da guardia – osservò il pubblicitario.

– Non sarebbe il caso di fargli mollare quella gamba? – disse la traduttrice.

– E se il ladro scappa? – obiettò l'architetta.

– Ma non vedete che ha la gamba maciullata? – protestò la traduttrice – Su, aiutatemi!

In quattro bloccarono il testone di Myskin e riuscirono faticosamente a fargli mollare l'osso. La creatura, liberata, tentò una breve fuga, ma subito crollò sanguinante al suolo.

– Aiuto – riuscì a esalare prima di svenire.

Il filosofo lo esaminò, puntandogli una pila sulla faccia.

– Sembrerebbe un arabo – disse – forse un tunisino.

– Chiamo subito la polizia – disse il pubblicitario.

– Un momento – disse il pittore – non comportiamoci da forcaioli. Se chiamiamo la polizia, quest'uomo verrà arrestato e, in quanto extracomunitario, languirà in prigione chissà per quanto tempo. In fondo voleva solo prendere due autoradio, un danno risibile. Vi sembra motivata, da parte nostra, una così piatta difesa dei nostri privilegi?

– Il lunotto della mia Mercedes è infranto – disse il filosofo – e questo non è un "danno risibile". Inoltre chi ci dice che costui non volesse rapinarci? Guardiamogli addosso...

– Proprio così – disse il pubblicitario, dopo aver frugato il ladro. – Ha una pistola!

– Sciocchi – disse l'editore – non vedete che è una pistola giocattolo, di quelle che si comprano nei negozi per bambini? E anche il ladro è poco più di un bambino, avrà meno di diciotto anni.

– Comunque una pistola di plastica, se ci rassicura dal punto di vista catacretico – disse il professore – dal punto di vista dei significati simbolico-relazionali...

– Oh basta! – disse la traduttrice – sta perdendo sangue, chiamate almeno un medico...

– Ho trovato il suo passaporto, ma è sporco di sangue – disse il pubblicitario – riesco a leggere solo un pezzo di nome... Saad...

– È un nome palestinese – sentenziò deciso il pittore – Mi sembra chiaro a questo punto che chiamare la polizia significherebbe soltanto aggiungere un'altra ingiustizia alla lunga serie di persecuzioni che questo popolo...

– Un momento – intervenne la scrittrice – contesto questa tua improvvisa e speciosa solidarietà che confina pericolosamente con l'antisemitismo...

– Help – disse l'uomo con un filo di voce.

– Non è palestinese – disse il professore esaminandolo da vicino – dai tratti somatici direi piuttosto che è un centroafricano, probabilmente dell'etnia Baata.

– Si chiami subito la polizia! – disse il giornalista – la tribù Baata ha sempre appoggiato il dittatore N'Gheleme, anzi ne è stato il braccio armato contro le rivolte popolari.

– Un momento – obiettò l'architetta – guardate la collanina al collo... i capelli lunghi... è una donna!

– Come femminista – intervenne la scrittrice – vi proibisco di chiamare la polizia. Costei è stata sicuramente costretta a questa azione umiliante da qualche prevaricazione maschile, oppure...

– Ma è un uomo! – la interruppe il pubblicitario – Ha i capelli lunghi, ma è un uomo...

– E come lo sa?

– Beh, prima mentre gli frugavo in tasca... – disse il pubblicitario con un sorriso imbarazzato – ho potuto constatare...

– Io contesto! – gridò la scrittrice – questo uso maschilista e violento della perquisizione.

– Le ho detto che è un uomo, santo dio – urlò il pubblicitario – Vuole star zitta, veterofemminista off-mark!

– Non cambia nulla, imbecille di un palpatore – disse la scrittrice.

– Help – disse il ladro sempre più fioco.

– Non perdiamo la calma – disse il professore. – Poiché questa creatura perde molto sangue e si lamenta fastidiosamente, propongo di mettere ai voti se chiamare la polizia oppure un medico.

– Io dico di curarlo e tenerlo qui finché non sarà guarito – disse il pittore.

– Sì, e magari avvertire i parenti che vengano a trovarlo – si spazientì il filosofo.

– Sono convinto – sibilò il pittore – che se invece di un ometto olivastro e bruttino, costui fosse un muscoloso negro, lei lo ospiterebbe ben volentieri...

– Villano miserabile! – gridò il filosofo, lanciandoglisi contro.

Furono divisi dal pubblicitario e soprattutto da Myskin che vedendo del movimento cercò di unirsi alle danze ritto sulle zampe posteriori.

– Questo cane non è solo un assassino, è anche un maniaco sessuale – protestò il pittore spulciandosi.

– Fate qualcosa per questo poveretto – implorò la traduttrice – è bianco come un cencio.

– Toh, guarda, ha una svastica tatuata sul braccio – disse l'architetta.

– Allora chiamiamo la polizia – disse il giornalista – ladro passi, ma filonazista...

– Idiota – disse il professore – la svastica, fuori dall'Europa, è il simbolo del sole. Piuttosto, guardate cos'ha in tasca.

– Ma è un'agendina – disse la padrona di casa, sfogliandola rapida. – Ecco qua spiegato il mistero: si chiama Siri non so cosa ed è residente in via dei Garofani numero dodici.

– Ma è la villa dei Sanbartolomei, quella subito dopo la curva...

– Esatto, e ora che ricordo, costui è un loro domestico... l'ho visto una volta mentre faceva la spesa con la contessa.

– A questo punto è d'obbligo chiamare la polizia – disse il giornalista – i Sanbartolomei sono i più biechi e reazionari aristocratici della zona.

– Ma costui è solo un domestico, di fatto sfruttato dai Sanbartolomei, forse da loro licenziato – disse il pittore – mi oppongo a che sia chiamata la polizia.

– Perché è venuto da noi invece che rubare ai suoi padroni? – disse il pubblicitario. – Non mi stupirebbe se fosse proprio mandato da loro e anzi, forse è lui che mi ha rubato il computer dalla macchina il mese scorso a Roma...

– Sei un paranoico dietrista di merda – disse la scrittrice. – Non potendo noi stabilire l'esatta identità sessuale della creatura, non possiamo chiamare la polizia.

– No, sono la padrona di casa e decido io! Chiameremo la polizia, perché quella stronza della Sanbartolomei, che fa fatica a salutarmi, ha una dozzina di domestici, e uno in meno non le farà gran danno.

– Sono contrario alla polizia – dichiarò l'editore – in quanto l'unica certezza che abbiamo è la provenienza terzomondista del ladro. E avendo io pubblicato autori africani, sudamericani, cubani...

– Questo è più italiano di noi – disse il filosofo – guardi quell'orribile maglietta firmata. Guardi l'orologino alla moda, e quegli orribili stivaletti a punta...

– Ne fa un problema di stile?

– E se fosse? Inoltre il vetro della mia Mercedes costa più di seicentomila lire, io non faccio mica il finto-povero-che-gira-in-lambretta come lei, caro il mio editore filocubano...

– Basta – disse la padrona di casa – propongo un ultimo breve giro di interventi e poi una votazione al termine della quale si dovrà prendere una decisione definitiva. Essendo noi in numero pari, il mio voto varrà doppio.

– Contesto questa procedura tipica delle maggioranze arroganti – disse il pittore.

– Facciamo votare anche Myskin – disse ironico il filosofo.

– Ho una proposta – disse l'architetta – se chiamassimo un poliziotto democratico? Uno di quelli del sindacato? Ne conoscete qualcuno?

– Non serve più – disse con voce cupa la traduttrice, lasciando cadere il polso del ladro. – È morto.

Risalirono in mesto silenzio la scaletta delle bouganvillee. Myskin, lasciato solo, capì che qualcosa era andato storto, e prese a ululare alla luna.

8.

LA CASA BELLA

(Primo racconto del viaggiatore)

Vivevo nella valle più bella, e la mia era la casa più bella, tutta impellicciata d'edera, in mezzo al bosco di castagni più bello del mondo. Avevamo il gallo più bello della zona, sembrava un leone dipinto, e quando la mattina cantava spaccava i sogni col martello.

Avevamo un pollaio con galline niente affatto stupide che facevano le uova migliori della zona e mucche dagli occhi dolci come odalische, e maiali così grossi e rosei che veniva voglia di cavalcarli. Tutto intorno avevamo vigne, alberi da frutto e un orto dove l'insalata brillava come smeraldo e le carote sbucavano dal suolo spontaneamente, con una capriola. Il forno dove cuocevamo il pane spargeva un odore che metteva di buon umore tutta la valle e fermava i coltelli degli assassini, non c'erano piccoli o grandi delitti, nella valle, finché durava quell'odore. E infine le nostre castagne erano bellissime, e quando i ricci cadevano e rimbalzavano al suolo e ne uscivano i frutti, lucidi come perle, veniva voglia di dire all'albero: bravo!

Anche i funghi erano sexy, gli scoiattoli avevano code superbe, le talpe scavavano tane di geometrica precisione, gli alveari delle nostre api erano cattedrali, il miele era squisito, e anche mio padre era bello, aveva una faccia come la corteccia del castagno, i baffi a coda di volpe e mi picchiava solo nei giorni festivi. Fumava una pipa bellissima, fatta da lui in puro pero kaiser, riproducente un nudo della mamma, che era stata la donna più bella della valle e aveva fatto una bellissima morte, era scivolata in granaio ed era annegata nelle mele rosse, in un mare di mele profumate.

Vivevo come già detto nella valle più bella, e la mia era la casa più bella e qui comincia il brutto. Perché passarono dei signori e vedendo quanto era bella, dissero: questo è proprio il posto che cerchiamo, fecero fotografie, presero misure e dopo una settimana comprarono valle, terreno, casa, animali e vegetali. Perché gli serviva per fare pubblicità a non so cosa, un'assicurazione sulla vita forse o biscotti o un candidato o acqua minerale, qualcosa che aveva bisogno di uno scenario come quello.

E misero macchine da ripresa dappertutto, e vollero rendere tutto ancora più bello. Pettinarono il gallo, aggiunsero dei soli artificiali, misero dei campanacci d'argento alle mucche e una scritta "forno" sul forno, come se non si capisse.

E noi? Noi non eravamo abbastanza belli, infatti al nostro posto misero degli attori. Mio papà lo faceva un attore abbronzato con delle mani che non dico non aveva mai provato a zappare, ma neanche a lavarsele da solo. Mia mamma la faceva una ragazzona tutta curve, alla quale avevano detto di camminare sempre con un filo di paglia in bocca e di chiamare le galline "vieni Nerina vieni Bianchina" che le galline scappavano come se fosse una faina travestita. Io invece, dissero, potevo andare bene, ero abbastanza bello, mi misero solo degli zoccoli che dio bono, avete mai provato ad andare sui sassi con gli zoccoli, ma i signori dissero che, per quelli che mi avrebbero visto in televisione, era bello.

Allora mio papà si mise a piangere perché lo volevano mandare via, voleva fare qualcosa anche lui. Fu fortunato: avevano messo uno spaventapasseri nuovo in mezzo al campo (lo aveva disegnato un famoso sarto). Aveva una camicia a scacchi e dei pantaloni azzurri appena un po' stracciati e un cappello di paglia, sfrangiato ad arte. Ma era così bello e così poco spaventevole che i passeri scendevano giù a guardarlo, e invece mio padre, vestito com'era, andava benissimo per spaventare i passeri, e così fece lo spaventapasseri dello spaventapasseri: c'era lo spaventapasseri firmato in mezzo al campo, ma quello che teneva lontano i passeri era mio padre dieci metri più in là.

Io dovevo lucidare le mele sugli alberi e convincere le mucche a non farne troppa e tenere buoni i maiali quando li truccavano col cerone rosa perché si rotolavano nel fango e non era bello mostrare dei maiali troppo maiali, e inoltre dovevo far star zitto il gallo perché tutti dormivano fino alle nove e mezzo.

Ma una notte, che c'era una gran luna vera, e i grilli cantavano, e le mucche muggivano perché nessuno le mungeva, e mio padre stava là immobile nel campo fumando la pipa, io vidi la mia casa circondata da tutti quei fari e quelle macchine da presa e vidi due col fucile che andavano a caccia delle civette perché disturbavano, e uno che stava mettendo una luce finta dentro il forno del pane, e arrivò una macchina blu e scese un uomo e appena lo vidi in faccia capii che casa mia non sarebbe più stata il più bel posto del paese.

Raccolsi le mie poche robe, salutai mio padre che mi diede la sua benedizione, salutai il gallo che se ne stava triste in un angolo, con le piume cotonate, chiusi gli occhi e mi misi a correre alla cieca, giù per la cavedagna, seguendo gli odori, finché giunsi all'albero di melograno là dove passava la corriera di mezzanotte.

Beato te, che vivi in un dormitorio di periferia, o in un vicolo fatiscente, o all'incrocio delle vie più trafficate della città, perché la tua casa non ti verrà mai rubata.

9

L'OSPITE D'ONORE

Più di duemila gabbiani furono abbattuti a mitragliate mentre, attirati dall'odor di buffet, tentavano di avvicinarsi all'Indomito in quella storica notte. Il capitano Calcante era stato perentorio:

– Nessun maledetto spione pennuto sorvolerà la mia nave durante la Festa della Nuova Destra.

E in effetti l'Indomito, snello incrociatore di dodicimila tonnellate, solcava solitario i flutti, bianco e maestoso come uno Stadio Olimpico, e la luce del tramonto ne stemperava la mole guerresca in magiche suggestioni: i cannoni sembravano stalattiti, le torrette castelli fatati, i radar parabolici grandi conchiglie di madreperla.

Sottocoperta il salone dei ricevimenti traboccava di fiori e luci come una grotta fatata e le toilette delle dame e gli smoking dei gentiluomini componevano un bouquet fastoso e festoso.

Il segretario della Nuova Destra, Saladini, era stato categorico: niente folclore, niente divise, stemmi, slogan: ora che siamo al potere, dobbiamo mostrare stile, compostezza, eleganza. E tutti avevano fatto del loro meglio. Le vecchie pitonesse dell'aristocrazia nera avevano indossato i loro abiti più firmati, con cappelli da anello di Saturno e sciarpe da Via Lattea, e solo uno sguardo malizioso avrebbe individuato, nel mare di collane che ornava i colli tartarugheschi, un piccolo ciondolo d'oro con le fattezze del Mascellone. Neoministri e Sottosegretari avevano assunto i modi mondani di ogni uomo di governo, i più tozzi si erano messi a dieta, erano andati a lezione di ballo, si erano sottoposti a lampade abbronzanti, e le mani già aduse a manganellar bolscevichi e scattare nel saluto romano, ora reggevano calici di champagne con grazia da mannequin. Le giovani e turbolente teste rasate erano state portate da un grande sarto e vestite da pinguino, e anche se rivelavano qualche impaccio nei gesti, e qualche tatuaggio con svastica spuntava dai polsini inamidati, visti così, allineati alla parete, i colli strozzati dai papillon, potevano sembrare una squadra di calcio che festeggia lo scudetto.

I vecchi repubblichini, quelli che per fede incrollabile o arteriosclerosi incurabile erano i più inclini a qualche scatto veterofascista, erano stati sistemati su comode poltrone, ognuno controllato a vista da una giovane volontaria, un'infermiera-gorillina un po' scollata e sgambata che con sorrisi maliardi o sventolate di tette, ammansiva il vecchione quando costui dava segni di impazienza. Non era un lavoro facile, ma queste ragazze erano da tempo abituate a sacrificarsi per la patria: avevano rallegrato i politici della Prima Repubblica e ora si dedicavano a quelli della Seconda.

Ma gli sguardi di tutti erano rivolti verso la Miss e Madrina della crociera, la GGDD, ovverossia Grande Gnocca Della Destra, Vittorina Parisini, star cinetelevisiva nota per le sane idee conservatrici, che metteva in pratica conservando i suoi beni naturali, e cioè adiuvando con steroidi, siliconi e miscele bioclastiche la sua già notevole dotazione di rotondità.

La GGDD, incoronata da pretendenti, svettava al centro del salone. Indossava un lamé tricolore e un cappello con mazzancolle e pampini, disegnato appositamente per lei dal famoso sarto Orsace. Le labbra, il seno, i fianchi, appena tremolanti per il rollio della nave, si protendevano verso i presenti in seducente offerta, e le sue risate squillanti suscitavano l'entusiasmo degli uomini e l'invidia delle donne. Intorno a lei, spiandone le grazie, vere o dopate che fossero, c'erano gli ospiti stranieri: armieri tedeschi e legionari francesi, militari sudamericani segnati da virili cicatrici e giovanilissimi capitani dei Marines. E poi tanti generali nostrani, moderni e spigliati, intenti a conversare di commercio d'armi e dei dati del nuovo tank Leopard come in qualsiasi riunione di industriali.

L'orchestra di cinquanta scelti elementi suonava i successi del momento senza discriminazioni politiche. Nulla davvero ricordava il passato, nemmeno i bicipiti dei camerieri, o certi rigonfi sotto la giacca delle scorte. Nello scelto buffet si poteva incontrare la vasta riciclata marea dei giornalisti ex estremisti che davano del tu all'ex repubblichino e all'ex capo dei pestatori, l'ex cattolico che brindava con l'ex libertario, l'ex regista impegnato e l'ex scrittore trasgressivo che mangiavano tartine di caviale dell'ex Unione Sovietica. Tutto era ridipinto, restaurato, liftato, tutto dimenticato in quel salone scintillante che mostrava sullo sfondo uno striscione con la scritta "Bentornato".

Ed ecco che un mormorio eccitato percorse i presenti. Entrava con l'ospite d'onore il segretario Saladini: preceduto dal suo ideologo e dai quattro fedelissimi: Er Brucianero, della commissione di vigilanza televisiva, Er Baionetta, sottosegretario alla cultura, Er Miccia, della commissione esteri ed Er Veleno, della commissione sanità. Costoro aprivano la strada al segretario con garbate spinte e cortesi "lo faccino passà". Saladini vestiva un clamoroso smoking amaranto, con papillon fantasia, e portava sottobraccio l'ospite, un ometto decrepito che si appoggiava al bastone, e procedeva a piccoli passi, salutando con un leggerissimo cenno della mano.

Era stato convenuto che non ci fossero applausi. Solo il vecchio gerarca Cascapianta scattò dalla poltrona nel saluto romano, ma la biondona addetta gli catturò la mano e se la infilò nella scollatura placandolo all'istante. La fila delle teste rasate rumoreggiò e fu richiamata all'ordine con un breve comando in tedesco. La vecchia marchesa Matracci svenne dall'emozione, e il marito per rianimarla le versò in testa una caraffa di sangría. Un ex libertario per esprimere il suo parziale dissenso, rimise nel buffet una tartina mangiata. Un labbro della GGDD si enfiò leggermente per l'emozione, quale embolo di copertone di bicicletta. Non furono segnalati altri incidenti.

Il segretario Saladini con un agile balzo salì sul palco, e il vecchio ospite venne issato e piazzato su una poltroncina proprio sotto l'occhio di un gigantesco riflettore. Il segretario premurosamente gli porse un bicchiere di aranciata.

Il vecchietto teneva gli occhi socchiusi per la luce violenta e sembrava spaesato. Il segretario zittì tutti con un colpo di tosse e cominciò:

– Amici crocieristi della Nuova Destra, finalmente, dopo tanti anni di esilio extracostituzionale, gran parte delle preclusioni nei nostri confronti è caduta. Molta strada è stata fatta da quando siamo al potere. Siamo un grande paese rispettato e temuto. Contiamo di diventare presto ancora più grandi ampliando i confini... (*breve applauso*) naturalmente dopo una ferma ma intransigente trattativa coi paesi vicini. Anche all'estero, malgrado le provocazioni dei comunisti e dei loro corifei, cominciamo ad avere credito e sono lieto di informarvi che il sottosegretario agli Esteri Cannarella è stato ieri eletto presidente dell'Istituto Europeo Nuova Destra per la Storiografia dei campi di lavoro nazisti (*breve applauso*). Vi prego però di non applaudire, o diranno che stiamo facendo apologia del fascismo (*risate*). Ma (*sospiro*) c'è ancora qualcuno che non crede alla nostra fede democratica.

– Una parte dell'opinione pubblica, sobillata dai giornali (sempre troppi!) della sinistra efebica, continua ad agitare contro di noi gli spettri e i ricatti di un passato sepolto, e ci attribuisce una pericolosità e un culto della violenza che abbiamo già superato da tempo. Che cos'altro dobbiamo fare per convincere questi settari cronici che noi siamo dei veri democratici?

– Pestiamoli – disse una voce giovane e fresca dal fondo. Fu zittita bruscamente.

– È quindi con grande emozione e viva speranza che noi tutti abbiamo seguito la vicenda dell'uomo che stasera abbiamo l'onore di avere qui con noi. Il came... l'amico Delle Donne, che si trovava in Sudamerica per sfuggire a un'ingiusta accusa di strage da cui è stato recentemente assolto (*breve applauso*), prima di lasciare il paese ove aveva vissuto in esilio per ben sette anni, volle controllare una voce che circolava in ambienti a noi vicini. E cioè che viveva, a cento chilometri dalla capitale di quel paese, un apicultore centenario di cui tutti ammiravano la saggezza e l'acutezza dei giudizi politici. Si diceva che lo stesso presidente locale andasse a volte a consultarlo per consigli di politica interna. Delle Donne lo rintracciò: e dopo brevi indagini, e controllo di dati e impronte digitali, capì che quell'uomo poteva rappresentare molto per noi. Non fu facile convincerlo a lasciare le sue api: ma ora è qui, ed è la prova vivente di come la destra è cambiata.

Il Vecchietto non dava segni di interesse: beveva la sua aranciata e guardava perplesso quel salone lussuoso, come se gli ricordasse qualcosa di molto, molto lontano nel tempo. Ma soprattutto, sudava e ansimava, per via del riflettore puntato su di lui e invano cercava scampo al calore agitandosi sulla sedia.

– Quest'uomo ha centocinque anni – disse Saladini – ma lavora ancora con la lena e lo slancio di un ventenne. L'ho trovato in mezzo alle sue api. Produce il miglior miele della zona, un miele dolce come il suo carattere: in parte lo vende, in parte lo regala ai bambini (*mormorio di approvazione*). L'ho visto io, con i miei occhi, chiamare le api per nome, dare ordini all'ape regina, e in un attimo spostare interi sciami da un punto all'altro dell'allevamento con comandi soavi, ma fermi.

Mi raccontarono che l'anno scorso alcuni ladri cercarono di impadronirsi delle sue arnie. Ebbene, a un suo ordine, quattro sciami d'api con una manovra a tenaglia scesero dal cielo vendicatrici coi pungiglioni innestati e... –

Saladini si interruppe. Alle sue spalle l'ideologo, tirandolo per la manica, lo avvertì di non entrare nei particolari.

– Ebbene scesero, come dicevo, e grazie a loro i bambini ebbero nuovamente il loro miele. Orbene, quest'uomo mite, questo lavoratore, noi lo mostreremo con gioia e orgoglio ai nostri avversari, a riprova che il passato è passato. Che là dove c'era la guerra, ora ci sono pace, lavoro, polline. Che dobbiamo superare i vecchi steccati e operare insieme, sia pur con ruoli diversi, a costruire il futuro. E chi meglio di questo mite vecchio, può testimoniare della nostra trasformazione, del superamento delle vecchie contrapposizioni, della nuova volontà di edificare l'alveare della pace tra i popoli? Chi meglio dell'uomo che ha incarnato tutto il male della storia, addossandosi anche le responsabilità degli altri, e ha pagato duramente, fingendosi morto, con anni di esilio in paese straniero, col solo conforto di un miliardo di piccoli amici silenziosi e ronzanti? A quest'uomo noi diciamo: se la patria che tanto hai amato non ti vorrà riprendere con sé, saremo noi la tua nuova patria!

E ora vi prego, un applauso: moderato e composto, per non dare esca alla propaganda dei nostri avversari: bentornato tra noi, vecchio e saggio apicultore, amico Adolf Hitler! –

L'applauso fu discretissimo. Solo qualche dama si lasciò sfuggire una lacrima. Le teste rasate non fiatarono, ad alcune erano stati dati dei fazzoletti da mordere. La GGDD, visto scattare Cascapianta, lo placcò tra i seni inchiodandolo. Saladini scandiva il tempo dell'applauso, un battimani da prima teatrale: mai s'era vista reazione così composta e democratica a una notizia così sconvolgente.

In quel momento, all'improvviso, il celebre vecchietto si alzò. Era sudato e stravolto, il calore del riflettore lo aveva sciolto come in una sauna e aveva fatto scendere il celebre ciuffo, ora bianco, sulla fronte. I baffetti erano imperlati di sudore. Con un gesto irritato e deciso alzò la mano, per indicare di spegnere il riflettore che lo stava arrostendo.

Il destino baro e comunista volle che quell'improvviso gesto a braccio disteso fosse equivocato.

Centinaia di mani scattarono in alto e ci fu un boato da stadio. Un robusto coro "Heil Hitler" partì dal fondo della sala. Due generali estrassero le pistole e spararono in aria. Cascapianta, in piedi sulla poltrona, imitava a braccia aperte uno Stuka e nulla poteva la biondona di guardia. Il servizio d'ordine andava su e giù per la sala abbassando mani alzate, ma subito da altri punti se ne levavano altre, e con poca coerenza qualcuno salutava fascisticamente mentre abbassava il braccio di un altro. Ci furono brevi alterchi e accenni di rissa. Anche a Saladini istintivamente era partito il braccio verso l'alto e ora stava simulando di chiamare un cameriere. L'ex libertario urlava "vergogna, vergogna" e per protesta vomitava le tartine. L'ideologo ed Er Miccia, testa contro testa, disputavano se era il caso di portare via il vecchietto o lasciarlo lì e far sfogare la platea. Intanto Hitler aveva abbandonato il palco e sudato come un cavallo aveva trovato rifugio in una saletta, ma fu subito raggiunto dai crocieristi che lo accerchiarono con fanatico entusiasmo. I generali gli chiedevano particolari di battaglie, le vecchie marchese volevano toccarlo, gli skinhead imploravano l'autografo, i giornalisti chiedevano l'esclusiva, dall'orchestra era partito "Lili Marlene" e minacciosi slogan percorrevano la sala.

Saladini, nella baraonda, prese il microfono e gridò:

– Signor Hitler, per favore, ritorni sul palco e voi signori crocieristi, per favore, calmatevi.

Fu fischiato sonoramente e bersagliato di olive e gamberetti.

– A mare Saladini il revisionista – urlò Cascapianta, sfuggito alla marcatura.

– Adolf sindaco – gridò una signora in walchirico trance.

– Guidaci tu – urlò uno skinheadone rosso in volto.

Ma il vecchietto deluse tutti. Dopo aver palpato la GGDD ed essersi reso conto dell'ottimo materiale con cui era costruita, la caricò in spalla con inaspettato vigore, e si diede alla fuga.

Presi di sorpresa, tutti gli corsero dietro. Ma il diabolico vecchietto aveva già raggiunto il ponte della nave e impadronitosi di un remo, si era tuffato in mare con la sua preda.

La GGDD, come il vecchietto aveva previsto, galleggiava come un canotto, per via dei siliconi contenuti. Così Adolf, a cavalcioni della bella, scomparì remigando verso isole coloniali.

La GGDD, pur stordita dagli eventi, conscia che quel rapimento poteva regalarle una notevole promotion, collaborava battendo ritmicamente i piedini.

– Inverta la rotta, capitano – urlò Saladini – e li raggiunga!

– Siamo troppo vicini a riva – rispose il capitano Calcante.

– *Trunken shwamm's in die Dämmrung hinaus...* – declamò romanticamente la marchesa Matracci.

– Torna da noi, torna da noi, Adolf – gridavano dal parapetto della nave centinaia di voci vecchie e nuove.

– Fossi matto – disse il vecchietto continuando a remare vigorosamente. E mentre scompariva all'orizzonte gridò:

– Branco di fascisti!

10.

L'UOMO PUNTUALE

(Secondo racconto del viaggiatore)

Giunsi una sera nella piccola stazione di T., una costruzione triste e appartata che ospitava un unico binario, in uno spiazzo ingombro di fossili metallici, tra cui una locomotiva preistorica abitata da randagi bipedi e quadrupedi.

All'interno della stazione c'erano quattro lunghe panche, un tabellone degli orari, una biglietteria chiusa.

Ero l'unico viaggiatore. C'erano però un distributore automatico di biglietti, uno di bibite, uno di oroscopi erotici, una macchina che stampava biglietti da visita, una che forniva merendine e il videogioco "Guerrieri della strada".

Feci il biglietto, scolai un chinotto, scoprii di essere un maniaco sessuale e mi assopii. Mi risvegliai, mi feci un biglietto da visita megalomane, mangiai un tortino azteco, ribevvi un chinotto, fui picchiato a sangue da Kung-Fu Jack. Mi riassopii.

Mi risvegliò un improvviso rumore di stantuffo. Balzai in piedi pensando che fosse in arrivo il treno. Ma quell'ansito proveniva da un uomo, che era appena entrato nella stazione. Piuttosto grasso, con le basette a virgola e i capelli impomatati, trascinava un'enorme valigia a rotelle. Anche se il treno non era ancora arrivato, correva precipitosamente verso il binario.

Lo raggiunse.

Posò la valigia.

Guardò l'orologio.

Si sedette.

Si asciugò il sudore.

Mi fissò.

Pronunciò rantolando la seguente frase:

– *La vita del puntuale è un inferno di solitudini immeritate.*
Mi avvicinai incuriosito. Per qualche tempo l'uomo non riuscì a parlare, tanto gli mancava il fiato. Si limitava a indicare col dito l'orologio della stazione e l'orario affisso al muro. Capii che voleva segnalarmi il ritardo del treno.

Sorrisi e spalancai le braccia come a dire: e noi cosa possiamo farci?

– Come invidio – disse lui – questa sua rassegnazione! È chiaro che lei non ha la mia malattia. Io sono, ahimè, *puntuale* dalla nascita. Sono nato al nono mese spaccato, piangevo per il latte ogni quattro ore, non sono mai arrivato in ritardo né all'asilo né a scuola, né in ufficio, o a un qualsiasi appuntamento, alzabandiera o funerale. Anche se mi sono accorto subito che la mia malattia era grave perché mi costringeva a corse, attese, delusioni, rabbie. Ero puntuale in un mondo di non puntuali, e non sono mai riuscito a smettere. Del resto me l'hanno detto, casi come il mio sono inguaribili. Ho patito per tutta la vita gli stessi tormenti. Minuti e minuti, che fanno ore, ad aspettare coi fiori in mano la donna amata, ore interminabili da solo al ristorante mentre gli amici erano ancora a farsi la barba, ore di noia in ufficio aspettando l'inizio delle riunioni, ore di tosse a teatro davanti a un sipario che non si alzava, ore di anticamere e vecchie riviste presso dentisti e medici vari.

– Ahimè, pensavo che la puntualità fosse una nobile forma di rispetto per gli altri e contribuisse all'armonia del mondo. Ma il mondo non conosce armonia. Il mondo degli dei, lassù, ha tempi così grandi che non si può essere puntuali, perché non basta una vita a colmarli. E il nostro mondo quaggiù ha tempi così piccoli e miserabili che nessuno li rispetta, solo le macchine, forse, e i palinsesti televisivi.

– Così è la vita del puntuale. Un inferno in cui si attende la morte, sperando che almeno lei sia in orario.

Ascoltai con comprensione lo sfogo dell'uomo grasso, e provai a dirgli che in fondo dieci minuti di ritardo non sono la morte di nessuno. Scoppiò in lacrime. Capii che un puntuale ha una sensibilità molto particolare.

Il treno infine arrivò. L'uomo salì su un vagone di coda. Restammo fermi ancora qualche minuto, e mentre pensavo al dolore che quella sosta gli avrebbe sicuramente arrecato, guardai fuori dal finestrino e con stupore lo vidi, in piedi sotto la pensilina.

Mi salutò con un gesto sconsolato della mano, mentre il treno partiva. Notai che non aveva più con sé la grossa valigia.

Pochi attimi dopo il treno saltò in aria.

Se oggi posso testimoniare è perché la fortuna volle che fossi lontano dal vagone della valigia-bomba. O forse non fu fortuna, ma reciproca, subitanea simpatia.

Da allora un singolare pensiero mi tormenta. E se dietro tutte le stragi impunite, il sangue versato, le bombe misteriose non ci fosse alcuna organizzazione criminale, ma solo la disperata ribellione di quell'ometto puntuale contro un mondo in perenne ritardo? Questa spiegazione non renderebbe più accettabile vivere nel nostro martoriato paese? Dato che non ci è concesso sperare altro, perché non pensarlo?

11

ORFEO MESCALERO

Io so che tu puoi guarirla, stregone. La mia ragazza caduta dal cielo, polvere di cometa sul mio tetto, lei che muove col pensiero le altalene dei giardini, lei che con uno sguardo dei grandi occhi bistrati gela il ghigno degli spacciatori, lei odorosa di fiori e nitrato di amile, Euridice, lei che ora è spenta, bianca, immobile nella nostra casa, dove tremano di freddo anche i ragni.

Io so che tu puoi guarirla, stregone, è per questo che ho rubato questa macchina nera come un corvo e guido sotto il temporale, dentro al canyon dei dormitori, mentre la pioggia mescola sul mio parabrezza lampi di bufera, rosso di fanali, giallo di supermarket, blu di ambulanze, verde marziano, è per questo che piango, bestemmio, e grido che non voglio perderla.

Io so che puoi guarirla stregone, anche se agli occhi del mondo lei è morta, troppa chimica, troppi libri, troppe notti da sola, quando io ero lontano. Così mi ha detto: si è sempre soli una notte di troppo. Perciò guido a milleduecento all'ora mentre la radio blatera blues Bach e bugie, io devo salvarla, capisci, stregone? È per questo che se la polizia mi ferma ho nel cruscotto questa pistola tedesca, la grigia, la baiaffa, la durlindana, la bacia-in-fronte, la lunga, la velenosa, la sparachiodi, krazy-kat, e siate-felici. Non ce l'ho con voi, poliziotti, è che sono straniero qui, non parlo la vostra lingua, soprattutto quella del vostro Grande Capo, io non lavoro per i gangster, se devo rapinare rapino in proprio, non mento, sono veramente cattivo io e quando mi capita di esser buono (succede) non lo faccio vedere. Ho uno shuriken a cristalli liquidi. E non colpisco alle spalle.

Ho dormito tante volte all'aperto, sono stato svegliato a calci, sono stato interrogato, picchiato, rinchiuso, mi avete aperto la testa con le vostre urla, ma è storia passata. Ora sono perbene, non bevo più, stregone, ora ho una macchina da scrivere che compone da sola, balla e la notte si illumina e canta come quattro negri tristi, non mangio più i funghi messicani, stregone, e non mi azzuffo più per le ragazze degli altri, non mi arrampico sui muri, non ho il pungiglione velenoso, come posso convincerti, stregone Mescal?

Io so dove abiti, stregone, c'è un grattacielo tatuato in città che di notte diventa un'astronave, si muove, può sparire e ricomparire in qualsiasi punto, tra i lampi del temporale, ma io lo troverò, stregone, sopra di me vola il mio amico nibbio, ha un radar nel becco, ce l'ho messo io. Può stare fermo in aria come fosse dipinto, lui sì che sa volare, altroché Tomcat, lui è davvero il Re Nuvola, il Coddaventu, il Glada, l'Aquila delle costellazioni.

Quando ho conosciuto Euridice lei era senza capelli, stregone, l'avevano rasata per sfregio, e aveva gli occhi gonfi, chiusi per le botte. E giorno dopo giorno i capelli ricrescevano e gli occhi si riaprivano e il colore le tornava sul volto e lei diventava sempre più bella, stregone. L'ho tenuta come un cucciolo di topo, come una patata nel bicchiere, come una piantina magica è fiorita, per lei ho rubato tutte le biciclette della città, stregone, e tutti i libri e i dischi, e la tenevo al sicuro nella nostra casetta che allora non era così fredda, lei stava nuda alla finestra e parlava con una vecchia vampira giù nel cortile, parlavano dei loro genitori morti, la vecchia aveva novant'anni ma ancora li rimpiangeva, era stata trent'anni in manicomio, è lei che mi ha parlato di te, stregone, di quando sventolando il mantello nero correvi tra i reparti, col tuo odore di etere e il passo di gatto, soffocavi nel sonno chi soffriva troppo, oppure spaccavi le finestre e li lanciavi fuori nella notte, riempivi le flebo di sangue di drago perché rimanessero pazzi e salvi, per sempre.

Non posso andare più forte di così, stregone, non voglio schiantarmi come un qualsiasi pollo d'allevamento da discoteca, non voglio fare male a nessuno, frenerei anche se in mezzo alla strada vedessi il Gangster in persona con i suoi servi, tutti coi loro sorrisi da fotomontaggio e le pistole puntate. Per poi ficcarti la canna in bocca, come ho visto fare al bar quando uno non li paga, una pistola in bocca a un ragazzino di dieci anni per cinquantamila lire di droga, si può sopportare tutto questo, stregone? E sai cosa dicono questi piccoli mefisti, questi servitorelli sanguinari? "Se cerchi lavoro, te lo trovo io, baby" dicono, sono tutti entusiasti da quando c'è il Gangster in città, se non ci credi vienili a vedere, ascolta le loro risate davanti alla televisione, è tornata acqua torbida per loro e se la spassano, ma stiamo tornando anche noi, stregone, la sesta generazione è qui, con forti denti e lunghe orecchie, accendi le mille candele nella sala sacra e aspettaci, verremo a sederci davanti a te, sentiremo il richiamo dei nostri amici ovunque siano, attraverso i muri e i deserti. E poi guerra. Calci in bocca. Dolcemente. Perché è possibile vivere in piedi, monsieur Brel.

Lo stregone stava sul terrazzo, fradicio di pioggia, e cercava di riparare un vecchio flipper. Entrai educatamente, col cappello da Stanlio in mano. Lo stregone bestemmiò, tirò un sorso di benzina, sputò in aria una vampa infuocata e disse:

– Vattene, col tempo cattivo non lavoro.

– Dovrai invece – dissi io. – Una mia amica ha bisogno di te.

– Che cosa le è successo? – disse lo stregone, mentre un fulmine spaccava in due un camion, giù sulla tangenziale, e le auto della polizia affogavano nel fango di un torrente.

– È morta. Le serve un cuore nuovo.

– Non si possono fare queste cose – disse lo stregone. – La bioetica non vuole. Il papa non vuole. Dio non può e non vuole. Il serpente mescal può e non vuole. E poi ci sono cose più importanti. La polizia ha attaccato le case dei senegalesi, loro hanno gettato giù olio bollente e frecce infuocate, è uscito il loro capo, un'elefantessa, ha travolto dodici agenti e tre camionette prima di cadere morta, una tonnellata di carne, ne ho un pezzo in frigo, vuoi assaggiarla?

– Euridice è tutto per me. Ha cambiato la mia vita.

– Chiunque può farlo. Basta uno spillo qua sotto la nuca, nel punto centrale del meridiano – dice lo stregone, e mi punta contro l'unghia dell'indice, lunga sedici centimetri, laccata di nero e intinta nel veleno di migale. – Conficcalo in questo punto, e la vittima sentirà una punturina da niente, ma due ore dopo all'improvviso morirà. Ho ucciso decine di persone così, nel metrò.

– Non ci credo.

– Infatti non è vero, ma saprei farlo. Vincere la morte, però, non è in mio potere. Hai già sentito questa frase?

– Non ti credo. Euridice è morta, ma tu puoi aiutarla.

– Ti darò un cuore nuovo per lei – sospirò lo stregone. – Non so perché, ma voi ragazzi della sesta generazione mi intenerite. Mettiglielo vicino, sotto le coperte, camminerà e prenderà il posto del vecchio cuore. E brucia tutto quello che hai in casa, libri, sedie, tavoli, deve fare caldo, o il cuore non batterà. Eccolo qua.

– In una busta del supermercato?

– Volevi uno scrigno d'oro, fighetto?

– Quel flipper non funzionerà mai – dico risentito.

Ding dong, tutto si accende. La pallina vola a prendere schiaffi dai funghetti, il cavallo scalcia, il cowboy salta sulla sella, la bionda si illumina ridente e dal cappello le escono miliardi di punti. Lo stregone sghignazza, i segni di guerra bianchi gli ballano sul volto d'ebano.

– Se funziona il flipper, funzionerà anche il cuore – penso io.

– Voi della sesta generazione siete dei sognatori arrugginiti, dei viaggiatori timidi, dei viziati e dei codardi.

– Sempre meglio degli spettatori della quinta generazione – dico io – e poi chissà come sarà la settima.

– Lupi – dice lo stregone – perfetti, sanguinari, amichevoli lupi. – Socchiude gli occhi e il flipper esplode.

Sono tornato a casa, il temporale è cessato, ho messo nel mangianastri quella favola che ti piace tanto, quella del bambino che doveva camminare tre giorni e tre notti nella neve, per lasciare quel paese orribile, insieme col suo orso. Volevano tornare nella loro patria, o in un'altra, per fare spettacoli e ballare. Chissà dov'è adesso, chissà se ce l'ha fatta. Ma tu Euridice resti bianca fredda e indubbiamente morta e io temo che presto dovrò ritornare tra le fragranti fresche lenzuola del manicomio e aspettare la flebo dorata e la nebbia del roipnol e le discussioni sulla fine del mondo col Pittore dei Cessi Fiat, Mastro Gommapiuma, quello che ha sabotato da solo interi reparti, o con Capitan Corallo, che quando suonava il tamburo nelle manifestazioni polverizzava col rumore i poliziotti, come i guerrieri di sabbia cinesi.

Lo sai vero, uccellino, che ci sono stati anni e secoli di lotte operaie? Non lo sai? Ti piacerebbe saperlo? Papà e mamma non vogliono e (soprattutto) il Gangster non vuole? Bevi questo tè di mescal e leggi nei fondi, se ci riesci.

Ho messo il cuore dello stregone sotto le coperte del letto di Euridice. Ma non si muove, pulsa un po' soltanto muovendo la codina. Fuori sento cori per qualche vittoria sportiva, petardi e mine che esplodono, incitamenti a impiccare qualcuno. In cortile ci sono due colleghi della sesta generazione che stanno partendo con zaini molto più grandi della casa dove abitavano.

– Euridice è morta – grido.

– Ti manderemo una cartolina – rispondono, salutando con la mano.

Stanotte, amore, vorrei rileggerti la storia del bambino e dell'orso, o anche quella del dottore inglese, quello che diventava la sua parte oscura, piccola storpia e saltellante, e così evocheremo l'Ombra e lo Specchio e il Doppio, e saremo in tanti che la Morte non saprà più chi prendere. Eccola, è arrivata, sorridente, pallida, fa finta di niente. È travestita da Allegro Controllore dei Contatori del Gas. Ma intuisco la sua mano di scheletro, nascosta dal guanto.

– Posso dare una controllatina? – chiede con voce da annunciatrice.

– Vaffanculo, mannara, so chi sei. Controlla pure. Euridice non è morta.

– Veramente all'Azienda risulta diversamente – dice seccata la Morte – abbiamo staccato il contatore mezz'ora fa.

– Prova a toccarla – dico – e ti smonto osso per osso.

– Non sono fatta di ossa – protesta la Morte – sono un composto biosintetico polimerico molto resistente e ho in memoria dodici trasformazioni virtuali con cui terrorizzarti.

– Anch'io – dico. E mi trasformo in lupo, lì su due piedi.

– Mica male – dice lei, e si trasforma in un lupo il doppio del mio.

Ci azzuffiamo. Voliamo giù dalla finestra, lei si rialza per prima e corre su per le scale cercando di raggiungere con le sue zampacce Euridice, se la tocca col suo gelo è perduta, ma io le balzo dietro e con un morso le stacco la coda. La Morte guaisce come un chihuahua.

Esce sul pianerottolo il Griso, il pusher della zona, quello che ha fondato il Club Patriottico Spacciatori, con un mitra Uzi in mano e le mutande nere da ring.

– Cos'è tutto questo casino?

Ci ritrasformiamo, io in un bel ragazzo della sesta generazione e la Morte in una fotomodella bionda di Losangelì.

– Però – dice il Griso – migliora questo condominio.

– Questo ragazzaccio vuole farmi del male – trilla la topmorte.

– Lo sistemo subito – ghigna il Griso.

Per fortuna arriva il mio amico Dulcinea, un transex-tir alto quasi due metri, bello e truccato come un attore Kathakali.

– Via quel mitra, Griso – ordina – qua non siamo in Parlamento.

– Questo ragazzaccio... – inizia la falsa bionda.

– Va via, Morte, ti riconosco dalla puzza...

La mannara se la svigna, ma prima di andarsene dice perfida al Griso:

– C'è un bel cuore nuovo in quella casa, io non me lo lascerei scappare.

Il Griso si fionda dentro, solleva la coperta, il cuore è lì, che sobbalza. Il Griso lo prende in mano e lo soppesa interessato.

– Con questo ci faccio almeno venti milioni – dice.

Gli affondo i denti nel collo. Suonano le chitarre. Il Griso tira le cuoia, molla il cuore che ballonzola per terra e si nasconde spaventato sotto una cassapanca. La Morte bussa.

– Come va la nostra bella Euridice? – strilla da fuori.

– Cuore – grido – vieni fuori da lì sotto.

Neanche a pensarci. Non si muove. Ho un'idea: metto un nastro di samba. I cuori non resistono al ritmo del samba. Eccolo che esce dal nascondiglio e si muove, sistola e diastola, muove l'apice e scuote il culo, dài cuore, salta sul letto, vola dalla mia Euridice, balla amico mio, e infatti il cuore spicca un balzo e si tuffa nel petto di Euridice che lancia un grido, mentre le schizza fuori il cuore vecchio, nero e raggrinzito. Lo butto al gatto. Gli butto anche tutto il Griso, meno uno stinco. Ma sotto la finestra c'è la Morte che lascia al gatto solo un occhio e si prende il resto.

– Almeno non ho fatto un viaggio a vuoto – borbotta – e se ne va su un furgoncino giallo con adesivi heavy-metal.

Euridice si alza dal letto e dice che ha fame, le preparo cinquanta uova di gallo cedrone, una cipolla dello Yucatan e lo stinco del Griso arrostito al falò di sedia.

– Mi sembra di aver dormito – dice lei.

– Invece eri morta.

– Proprio così – dice lo stregone.

Con un inchino lo ringraziamo. Le altalene dei giardini riprendono a dondolare. Ricomincia a piovere. Preparo il tè. Bisognerà comprare un tavolo nuovo, quello vecchio brucia al centro della stanza e fa un bel calduccio.

Bussano alla porta. È un angelo biondo di sei anni con grandi orecchie, insieme a un gigantesco orso col cappello da marinaio.

– Vi interessa uno spettacolo di danze ussare a domicilio? – chiede l'angelo.

– Da dove vieni?

Il piccolo indica il nord, e fa capire che c'era neve e freddo, che se l'è vista brutta.

– Entrate, scaldatevi – li invito io.

– Ce l'ha fatta, cosa ti avevo detto? – grida Euridice, contenta. – C'è sempre qualcuno che ce la fa.

– Potrei assaggiare un po' di quello stinco di bue? – chiede timidamente l'orso.

– Non è di bue. È lo stinco di un uomo molto cattivo.

– Non esistono uomini cattivi – dice l'orso – se sono cucinati bene.

Lo dice sempre anche lo stregone. Ci fu una gran festa a casa nostra, quella notte. Grazie, stregone Mescal.

12.

L'INFERNO

(Terzo racconto del viaggiatore)

Giunsi una mattina alla stazione di D. Era una stazione grande ed affollata, dove era difficile orientarsi. Tutti i tabelloni erano spenti per un guasto elettronico, l'orario murale era in via di sostituzione, l'ufficio informazioni era chiuso e i pochi ferrovieri si dileguavano non appena cercavi di avvicinarli. Così mi misi a leggere a una a una le indicazioni sui vagoni dei treni, ma ogni carrozza portava una destinazione diversa, la prima Basilea la seconda Foggia la terza Innsbruck, cosicché immaginai che al fischio del capostazione il treno si sarebbe contorto come un verme e ogni carrozza sarebbe schizzata in direzioni diverse, lasciando lì da sola la carrozza ristorante, che non portava scritta altra destinazione se non se stessa.

In quel momento, nella marea di gente che avanzava a spintoni e valigiate, notai un uomo blazeruto, elegantissimo, con una valigetta nella destra e un computeruzzo nella sinistra. Si dirigeva deciso e spavaldo verso il binario otto. Dal suo portamento dedussi che andava nella Capitale. Non fui deluso. Egli salì, io lo seguii, lui si sedette, io mi sedetti, indi gli chiesi:

– Questo treno va a M.?

– Ci va – disse lui guardandomi senza calore alcuno – ma questa è la prima classe.

– Che fortuna – dissi io.

Mi lanciò un'occhiata non so se malevola o stupita, poi estrasse dalla valigetta una coppia di giornali ardentemente governofili, e un telefonino nero che subito strillò esigendo la sua attenzione, e intanto con una mano sfogliava un blocco di appunti e con l'altra cercava di accendersi una sigaretta e con l'altra di

annotare un numero e con l'altra di accendere l'agenda-compu-
ter. Ma di nuovo il telefonino strillò, e guardandomi intorno io
vidi che ero capitato in un vagone di sventurati, che non si sa per
quale peccato commesso erano condannati a quella medesima
pena, poiché non potevano leggere i giornali senza dover rispondere al telefonino, ma non potevano rispondere perché dovevano
prendere appunti, e dovevano interrompere gli appunti perché
strillava il telefonino, e intanto si facevano l'un l'altro cenni di disperato saluto, come a dire, non posso muovermi e l'altro rispon-
deva ahimè, neanch'io posso, sono incatenato al mio luogo di dolore, e se qualcuno provava ad alzarsi per andare a salutare l'altro, ecco che il telefonino lasciato sul sedile strillava iroso, oppure era quello dell'altro che strillava, e il controllore cercava invano di ottenere udienza da costoro, e l'ansia, il rumore e la pena
erano inenarrabili, così lasciai di corsa quel vagone terribile.

Ma nel vagone successivo trovai peccatori di diversa specie.
C'era infatti un gelo spaventoso, dovuto, mi dissero, alla rottura
dell'impianto di riscaldamento, e tutti erano imbacuccati in cap-
potti e giacche a vento, e il moccio colava sui sedili, e battevano i
denti minacciando rappresaglie contro scambisti, controllori, ca-
pistazione, sottosegretari e ministri.

Passai di corsa nel vagone successivo, ma mi mancò il fiato
perché fui avvolto da una vampata ardente. Mi dissero che qui
era saltato l'impianto di condizionamento, e tutti erano sudati e
seminudi, stavano coi finestrini aperti e starnutivano per l'escur-
sione termica, oppure rossi come gamberi cercavano sollievo in
lattine di birra dove un attimo prima stravolti avevano spento le
loro cicche, e anche da questo vagone scappai, ma nel seguente
incontrai il girone dei Valigiati, ove i peccatori erano per la metà
giapponesi per la metà di nazionalità varia, ma ognuno portava
con sé tre valigie grandi come letti matrimoniali, c'erano valigie
dappertutto, rigide, bombate, flosce, a rotelle, che si spostavano a
ogni curva schiacciando bambini e ogni tanto qualcuna cadeva
giù dall'apposito ripiano con rumore di bomba storpiando un in-
nocente. Scavalcandole riuscii ad arrivare in un altro vagone, ma
lì c'erano i Prenotati, il cui supplizio consisteva nell'avere tutti, a
due a due o a tre a tre, lo stesso numero di posto prenotato, così
da dover litigare in piedi per tutto il tragitto, mentre un controllore impassibile dava la colpa al computer.

Quindi sempre fuggendo attraversai il vagone dei Cessi rotti,
ove decine di persone mugolavano nelle strette del bisogno fisico,

e da lì raggiunsi il vagone dei Tifosi, dove tra cori e bestemmie e bandiere si festeggiava non so quale sconfitta, e tutti perdevano sangue dal naso o avevano un braccio al collo o incisivi divelti o occhi gonfi come manghi, ma erano contenti.

Infine arrivai nell'ultimo infernale vagone dove circa trecentosessanta esseri umani, la maggior parte di colore, stavano accalcati nei corridoi o dormivano a grappoli negli scompartimenti. Tra loro procedeva, schiacciandoli sotto le ruote, un misterioso carrello di panini e bibite senza guidatore. In mezzo a questo carnaio, se ne stava ritto in piedi un signore vestito di bianco, dal volto nobile, che leggeva un giornale di evidente credo progressista. Vedendomi arrivare chiese speranzoso:

– Ha visto dov'è il controllore?

– Sì, ma non è facile arrivarci.

– Lo so – annuì lui tristemente. – Ho il posto di prima classe, ma non so come spostarmi, come scavalcare tutti questi...

– Negri – dissi io.

– Poco male – disse lui, con un nobile sorriso. – A volte, condividendo con i diseredati stenti e difficoltà, ci rendiamo conto di come la nostra vita scorra tra agi e privilegi, ed è pur vero che non soltanto con le parole dobbiamo batterci per l'abolizione delle ingiustizie ma, talvolta, con le azioni.

– Bravo – disse un senegalese, peraltro laureato.

– Vede – disse l'uomo vestito di bianco – io devo viaggiare altre quattro ore. Ma per fortuna ho un libro con me, un libro che mi terrà compagnia, e sicuramente mi aiuterà a riflettere su ciò che le dicevo dianzi.

– Bravo – dissi io.

In quel momento tutte le luci del treno si spensero per un guasto elettrico e poiché era notte, il buio fu totale. L'uomo col vestito bianco emise un gemito. Gli furono subito rubate le scarpe. Il carrello gli versò caffè caldo sui piedi. Il controllore, nell'oscurità, riuscì a multarlo perché non aveva obliterato il ritorno. Un bimbo di circa anni sei, che da ore cercava di raggiungere il bagno...

Ma non voglio raccontare altro. Quando fummo alla stazione d'arrivo rividi l'uomo vestito di bianco a piedi nudi e senza più cravatta, circondato da quattro zingari. Mi guardò e disse fieramente:

– Non ho cambiato idea, sa!

E io pensai tra me:

Questo è un uomo.

13.

UN UOMO TRANQUILLO

Il Dottor Panunzio, direttore dell'ufficio cittadino Onoranze e Stima del Cerimoniale Patrio, andava in pensione dopo lungo e onorato servizio. Oltre alla gratifica, gli fu donato un calamaio in bachelite, più una targa raffigurante un faggio con la scritta Premio di Rimboschimento, che accettò senza chiedere spiegazioni, perché non vedeva l'ora di correre a casa per dedicarsi a tempo pieno al suo hobby, l'allevamento di lumache rampicanti.

Gli impiegati dell'ufficio accolsero la sua dipartita con cospicua indifferenza, alcuni sbadigliando, altri appisolandosi durante la cerimonia, altri grattandosi nei recessi. Unica eccezione, in prima fila, il dottor Adattati, responsabile del Settore Srotolamento Tappeti, Encomio Botanico e Bandistico, seguiva l'addio del suo ex superiore con addolorata partecipazione e, verso il finale, anche con un accenno di lacrima.

Era forse il dottor Adattati uomo di piccaglio tenero? Era affezionato al suo capo? Si commuoveva in genere alle cerimonie, quali battesimi, sponsali, interramenti? Era pagato dall'ufficio per compensare con lo spettacolo della sua afflizione il generale menefreghismo?

Niente di tutto ciò. Il dottor Adattati era nell'occasione veramente costernato. Non per la partenza del vecchio direttore, ma per l'imminente arrivo del nuovo. Poiché ciò significava per lui riavviare un duro lavoro, una faticosa ricerca. Significava, sia consentito il gioco di parole, ricominciare da capo col capo.

Il dottor Adattati aveva infatti nella vita una sola idea chiara, irrinunciabile, trainante: non avere idee. In subordine (quindi), avere soltanto le idee dei suoi superiori. Come conseguenza teorica (riquindi), conoscere alla perfezione le loro idee. Come esito pratico (triquindi) adattare in tutto e per tutto il suo comportamento alle loro idee.

Nel caso del dottor Panunzio, anni addietro, dopo un solo mese di studio, Adattati era riuscito nell'intento in modo così perfetto da non ricordare più quali delle sue idee, gusti o propensioni avesse modificato e quali già gli appartenessero, tanto quelle direttoriali gli erano subito andate a pennello. Le idee politiche, ad esempio, un perbenismo quacchero-governativo con idiosincrasia per il sud del paese, una vaga misoginia con sospette fantasie lolitiche, il gusto della citazione latina, la pipa, le scarpe inglesi, la squadra del Deportivo, l'attore B., il conducatore televisivo T., le barzellette un po' spinte, i temperini a ghigliottina, la sfiducia nei medici e i discorsi sull'ulcera, intesa come malattia degli eletti. E poi i bignè, i libri di viaggi e soprattutto le lumache, precisamente l'allevamento in serra di lumache rampicanti.

L'ulcera, quella la ricordava bene, non era genetica, ma acquisita. Adattati se l'era fatta venire a forza di fritti, e c'era riuscito benché di suo fosse portato verso il bronchitico. Aveva così incamerato uno splendido argomento di conversazione con Panunzio. Quanto alle lumache, tutto era stato più semplice, dato che gli erano sempre state simpatiche, con quella bella trovata rassicurante della casa sulle spalle. Il direttore allevava le nane rampicanti, lui le ciclopi da lattuga, ma era bene che ci fossero delle piccole differenze che rendevano piacevolmente sintonico e non piattamente mimetico il loro rapporto.

Perché non di ruffianeria si cibava, il nostro eroe. No, il dottor Adattati non bramava promozioni, non voleva mettersi in mostra. Voleva soltanto vivere e lavorare in tutta tranquillità, avere le stesse idee del suo direttore perché non era nella sua natura disobbedire, detestava l'altercо, la sfida, la competizione, voleva andare d'accordo con tutti e soprattutto col suo capo. Non vedeva nulla di etico né di eroico nella ribellione: era nato così, per non avere idee. La sola parola "idea" lo riempiva d'ansia, l'idea di avere in testa un'idea lo faceva soffrire, era come avere una malattia, un virus contagioso che avrebbe cosparso il suo cervello di altre idee. Si ricordò quando, anni prima, studiando i testi appositi, era venuto a sapere che le lumache erano ermafrodite. Questo lo riempì di disgusto: c'era forse una perversione nascosta nell'hobby del suo direttore? E se c'era doveva seguirla? E sognò il suo direttore nero e viscido come una lumaca, che faceva saettare una oscena lingua biforcuta. Non dormì la notte, poi capì. Cosa c'era di più bello? Essere ermafroditi non è forse un modo per eliminare differenze sessuali, scelte e quindi necessità di idee? Così era arrivato a possedere tremila lumache, che da una settimana mangiava in dosi massicce: bollite, in guazzetto, alla parigina e alla barcellonese, perché doveva far spazio agli eventuali hobby del nuovo direttore.

Pazienza, pensò mentre insieme agli altri impiegati tornava al posto di lavoro e Panunzio scompariva nell'ascensore per l'eternità. Aveva già cambiato quattro direttori e si era adattato a ognuno di loro come un guanto. Era diventato abilissimo a intuire ogni loro gusto e ogni sfumatura. Ci sarebbe stato un periodo un po' difficile, un mese, forse due. Poi tutto si sarebbe messo a posto, come sempre. Le idee del capo sarebbero diventate le sue e così anche impercettibilmente la cadenza dialettale e perfino il modo di camminare. Ci sarebbe stato, all'inizio, qualche sfottò degli altri impiegati, ma agli sfottò era abituato, e poi non duravano mai troppo. In fondo il mimetismo di Adattati era modesto, discreto, canino, nulla in confronto alle adulazioni e alle ruffianate di tanti colleghi. Ci riuscirò anche stavolta, si ripeté Adattati temperando tranquillo la matita, perché nella vita ho un solo talento: quello di non avere idee.

Il nuovo direttore si chiamava Ialini. Il giorno del suo arrivo Adattati sedeva alla scrivania vispo come un segugio. Si era vestito nel modo più anonimo possibile, non aveva portato giornali (guai!), in attesa di vedere quale testata ostentasse il nuovo direttore. Aveva nascosto il portacenere, ma aveva pronte in tasca sigarette sigari e pipa, per assecondare ogni eventuale propensione tabagistica del capo. La sua scrivania era in ordine, ma non in modo maniacale. C'era una piccola foto della moglie discretamente visibile, ma ne aveva un'altra molto più grande nel cassetto, e anche un ritratto dei genitori, casomai il dottor Ialini mostrasse istantanea approvazione per gli affetti familiari. Teneva poi in un altro cassetto schedine totocalcistiche, una decina di gagliardetti delle squadre più seguite del campionato, un buon assortimento di medicinali e venti libri tascabili rappresentanti ogni inclinazione letteraria.

Ma fondamentale e prioritario naturalmente sarebbe stato capire le idee politiche del capo. C'era stato nel paese, pochi mesi prima, un ricambio tramite elezioni. Anche se i nuovi governanti non erano poi così diversi dai vecchi, molti sostenevano che qualcosa di nuovo e palingenetico fosse avvenuto. Di certo quel cambiamento aveva un po' confuso gli animi del già confuso paese. E dato che era compito dell'Ufficio Onoranze e Stima approntare tutte le cerimonie ufficiali, era necessario capire subito quali erano le idee politiche del direttore, perché oltre alle decisioni standard, esistevano anche delle piccole scelte rivelatrici della gerarchia dei poteri, dell'indice di gradimento di un leader. Tappeto di cento metri damascato sì, ma vecchio o nuovo? Serti di giacinti o cesti di camelie? Banda, ma di quanti elementi? Eccetera.

Il dottor Ialini, se era stato mandato lì, era sicuramente filogovernativo. Ma guai a fermarsi a questa prima rassicurante analisi. Poteva essere filogovernativo convinto o esitante, appoggiare l'ala falchista del governo o quella molliccia, poteva essere passatista o riformatore, poteva nutrire nei confronti dell'opposizione un odio viscerale o una tollerante indifferenza, poteva infine (ebbene sì, c'era stato un direttore del genere, anni prima) essere addirittura un simpatizzante dell'opposizione costretto dalle beffe della vita a servire il paese dalla parte avversa, reprimendo i suoi vecchi ideali. Anche a questa trasformazione Adattati era pronto, anche a questa clandestina solidarietà. Ma per risolvere questi dubbi, aveva pronto un test rivelatore, su cui avrebbe basato tutta la futura strategia.

L'Ufficio Onoranze era a forma di calamita. Si entrava dal corridoio degli uffici dirigenziali, poi si percorreva un'ampia curva, punteggiata di oblò, da cui si potevano ammirare gli altri ministeri della città. Quindi si arrivava nel corridoio degli impiegati. La scrivania di Adattati era la prima, e proprio sopra la sua testa campeggiava una titanografia del presidente del consiglio, che veniva cambiata a ogni nuova investitura. Il presidente era uomo assai chiacchierato, per il suo passato imprenditorial-gangsteristico. Era impossibile guardare quel colossale ritratto senza far trasparire una minima reazione di plauso e disgusto: e quella piccola vibrazione sarebbe stato un grido tonante per il sensore allenato di Adattati. Così aspettò.

Il dottor Ialini arrivò puntuale, diciamo con un minuto e mezzo di ritardo, quindi puntuale ma non puntualissimo, e si presentò agli impiegati con un sorriso. Un sorriso come? Nessuno trovò un aggettivo in grado di caratterizzarlo, e con disappunto, non lo trovò neanche Adattati. Non era un sorriso di circostanza, ma nemmeno caloroso. Era sincero, ma un po' sbrigativo. Non rivelava insomma nulla del carattere del nuovo direttore.

E anche il suo modo di vestire era difficilmente interpretabile. Ialini indossava un abito grigio, di discreto taglio, ma la cravatta era gialla, vistosa. Le scarpe erano assai eleganti, a punta, ma sotto la giacca portava un modesto gilet di maglia, dall'aspetto vagamente tarmato. Era come se si fosse vestito pescando da quattro guardaroba diversi. Ciò provocò un lieve spasmo nello stomaco di Adattati. Inoltre il nuovo direttore non aveva giornali sottobraccio, né distintivi sulla giacca, né il minimo accento dialettale, né zoppie, tic o smorfienze. Avanzò nel corridoio stringendo mani con pacata cordialità, scambiò auguri formali coi vicedirettori e finalmente si avvicinò al punto cruciale, là dove si entrava nel corridoio degli impiegati e dove, enorme e seducente, lo attendeva il ritratto del presidente. Ialini passò e guardò.

Ebbene, in trent'anni di lavoro Adattati non si era mai imbattuto in uno sguardo simile. Il vuoto assoluto, ecco cosa c'era in quello sguardo. Non il minimo segno di approvazione o di disapprovazione, né un'ostentazione di indifferenza, nulla. Un monaco tibetano non avrebbe fatto di meglio.

Ed ecco che Ialini si presentò alla sua scrivania. Gli strinse la mano, né forte né languido. E subito Adattati fece scattare la prima trappola.

– Siamo molto onorati di lavorare con lei signor direttore – disse – così come speriamo lei sia lieto di lavorare con noi in un clima di fattiva collaborazione.

Ora Ialini avrebbe potuto esprimere tre moti dell'animo: il primo, un certo fastidio per quell'impiegato subito familiarmente ciarliero e invadente. Questo significava direttore autoritario e misantropo con cui tacere e defilarsi.

Oppure poteva mostrare un lieve imbarazzo, ringraziare, dire qualche parola di circostanza: indizi questi di direttore timido e pauroso dei giudizi, da sostenere con complimenti e attenzioni.

Terza possibile reazione: risposta cameratesca e gioviale, vale a dire direttore esibizionista e un po' caciarone, non grande lavoratore, incline a confidenze erotiche e discussioni calcistiche; il tipo più facile da trattare.

Ebbene, Ialini lo guardò con un sorriso etereo e rispose:

– Naturalmente...

E si eclissò. Adattati dovette ammettere che non era in grado di classificare quella reazione garbata e un po' distante. Il soggetto, pensò, richiede uno studio lungo e accurato.

Il mese che seguì fu il più angoscioso della sua vita. In quel mese non scoprì nulla, il minimo indizio, la più impercettibile sfumatura che potessero rivelare il carattere o le idee di Ialini. Il nuovo direttore era il peggiore che potesse augurarsi: era in sommo grado sfuggente, ambiguo, fluttuante: e questo stato volatile, frattale della personalità è l'unico che non si può imitare: si può soltanto, di volta in volta, adeguarsi ad esso con grande dispendio di energie e attenzione. Ad esempio, alla richiesta di Adattati se voleva sulla scrivania un portacenere o magari due, il direttore rispose di essere un "fumatore occasionale". Infatti i primi tre giorni non fumò, e idem Adattati. Poi all'improvviso apparve con in bocca un toscanello chiaro, di quelli rintracciabili solo in certe preistoriche tabaccherie di periferia. Adattati l'indomani si svegliò alle sei e mezza per farne scorta, ma seppe con orrore dalla segretaria Wanda, sua informatrice, che il direttore quella stessa mattina aveva fumato una sigaretta al mentolo. E continuò a fumacchiare così, ostentando un eclettismo disordinato, lasciando cicche a metà, esibendo pipe tirolesi che caricava e rimetteva in tasca, sfoderando pacchetti di sigarette americane che poi abbandonava interi sulla scrivania, a fomentare dubbi.

Sfuggì a tutti i test attitudinali di Adattati come un'anguilla. Alla domanda se preferiva che nell'ufficio fossero usati temperini a ghigliottina o a succhiello rispose "è lo stesso". Gli chiesero se voleva, alla mattina, qualche giornale sulla scrivania, rispose che lo leggeva a casa, e non disse quale. Tra il calendario della ditta fornitrice di fiori (dodici paesaggi della Provenza) e quello della ditta fornitrice di tappeti (dodici pin-up arrotolate in damaschi) ordinò di appenderli entrambi perché magari "tutte e due le ditte sarebbero capitate lì".

Neanche la sua scrivania, specchio dell'anima, mostrava indizi decisivi. Non era disordinata, ma era difficile stabilire quale tipo di ordine vi regnasse. Non maniacale, non gerarchico, non geometrico, non vi era un'apoteosi grafico-biroide né un'enfasi agendo-dataria, né fissazioni censorie di gomme e scolorine, o sadismo di tagliacarte e graffettatrici. L'intimo non si svelava sotto forma di ghirigori sui fogli, scarseggiavano medicine o caramelline, appariva unicamente, di tanto in tanto, qualche pasticca di liquerizia, sempre di marca diversa, in concomitanza con lievi arrocamenti della voce. Non c'era una foto con moglie e figliolanza, ma l'istantanea di una comitiva di venti persone su sfondo alpestre, dove lui posava sorridente tra una donna e un ragazzo. La foto sembrava vecchia e alla domanda della segretaria su chi ritraesse, Ialini rispose "una gita". Se ne poteva desumere una qualche passione per la montagna, ma non appena Adattati ebbe dotato la sua scrivania di un portacarte di legno a forma di piccozza con la scritta "Ricordo di Canazei", sulla scrivania del direttore apparve una gigantesca conchiglia tropicale. All'esame barzellette, tenuto dal raccontatore ufficiale, vicedirettore Baratta, Ialini rise nello stesso modo alla barzelletta razzista, a quella inglese, a quella vagamente politica, a quella infantile, a quella porcellona. Una risata da bambino, breve e furbesca, di uno che vuole subito tornare a giocare, ovverossia a lavorare. Gli sguardi che lanciava al culo di Wanda non erano così neutri da escludere un godimento estetico, ma abbastanza sereni da escludere una vocazione priapica. I rapporti col personale erano improntati a una cordialità un po' macchinosa. Dopo un mese, alla domanda se il nuovo direttore era simpatico, tutti, nell'ufficio, rispondevano con una serie di circonlocuzioni, forse sì forse no, a volte sì a volte no, ma se poi si doveva specificare quali "volte", nessuno era in grado di citare un episodio gradevole né un'impennata di stronzaggine.

Adattati passò allora all'attacco. Anzitutto analizzò l'umore di Ialini al lunedì, e ciò lo portò ad escludere che fosse tifoso di qualche squadra cittadina. Tentò allora con i colori patrii: un giorno comunicò al direttore il suo dispiacere per una cattiva prova della nazionale azzurra.

– Ha visto la partita, ieri? – buttò lì, passandogli una pratica.

– Solo un pezzetto – rispose Ialini – ho il televisore che funziona male.

– Non c'è stato un gran gioco...

– Beh, l'avversario era ben organizzato...

– Donaggio mi ha un po' deluso...

– Donaggio era il numero otto, vero?

– Sì, giocava mezz'ala di regia.

– Beh, è uno dei ruoli più difficili.

– Donaggio, nell'Internacional, gioca spesso ala. Sa, io seguo spesso l'Internacional. Lei segue qualche squadra?

– A me piace il bel gioco.

– Anche a me naturalmente...

– Devo firmare qui?

– Proprio lì, grazie...

– Prego...

Dopo questo esaltante colloquio, Adattati passò all'indagine poliziesca vera e propria. Corruppe una segretaria dell'Ufficio Personale e si fece consegnare il curriculum del direttore. Come temeva, non trovò nulla di particolare. Ialini era sposato, aveva un figlio, aveva sempre lavorato all'Ufficio Onoranze e Stima, cambiando tre sedi, aveva ottenuto avanzamenti di carriera del tutto automatici. Telefonando a un collega nella precedente sede di Ialini, ebbe conferma che nessuno ne conosceva con precisione le idee politiche, che era ritenuto "una brava persona, magari un po' noiosa" e non si ricordava un solo episodio in cui avesse suscitato qualche particolare commento o pettegolezzo.

Tutto questo frenetico indagare non incideva positivamente sul lavoro di Adattati. Lavorava con svogliatezza, seguendo gli standard, cercando in ogni cerimonia di raggiungere il risultato meno rischioso. Arrivò al punto di usare sempre lo stesso tappeto, centoventi metri, e sempre gli stessi fiori, camelie. Per fortuna in quel periodo nella città non c'erano cerimonie rilevanti, o qualcuno avrebbe certo notato la trascuratezza delle scelte di Adattati. Inoltre il nostro eroe era depresso: da due mesi non aveva hobby, non leggeva quasi più, non andava allo stadio, non seguiva i risultati delle partite, sulla sua scrivania si accavallavano senza costrutto conchiglie marine e schegge di dolomia, foto della moglie e calendarietti maliziosi, pipe e sigarilli, burdigoni di liquerizia e temperamatite di varie fogge.

Un giorno tentò un colpo disperato, simulando un attacco d'ulcera. Sbiancò davvero (tanta era la sua abilità!), chinò la testa sul tavolo, ruttò come un porcello. Richiamato dal trambusto, arrivò Ialini.

– Non è nulla, mi prende ogni tanto – gemette Adattati simulando fitte.

– Posso capirla – disse Ialini.

Adattati alzò la testa con tanta energia che un collega pensò a un imminente conato di vomito e gliela resse.

– Anche lei soffre di ulcera? – chiese con voce vibrante di speranza.

– No – rispose Ialini – ma un mio lontano cugino sì.

Adattati si abbatté sulla scrivania. Per la prima volta, nella sua carriera di camaleonte, doveva dichiararsi vinto. Avrebbe dovuto convivere con un direttore che forse segretamente lo disprezzava, con un uomo che in qualsiasi momento avrebbe potuto contrariare, disgustare, deludere: non era possibile tra loro nessuna serena sintonia, nessuna rassicurante simbiosi. Si irrigidì in una solitudine tassodromica. La sua scrivania divenne un deserto. Non fumava, non rideva, si esprimeva a monosillabi, lavorava sempre più di malavoglia. I colleghi, inizialmente, attribuirono questo incupimento alla cattiva salute, all'ulcera. Poi la voce cominciò a circolare.

– Adattati non va d'accordo con il direttore.

– Ma perché?

– Non si sa, con gli altri andava d'accordo, con questo no. Non si piacciono.

Ma un giorno, mentre Adattati si trascinava nel suo luogo di tortura, il destino sembrò avere pietà del suo stato. Sia lui che il direttore erano arrivati con qualche minuto di anticipo. E così, spiando attraverso la porta socchiusa, Adattati poté vedere Ialini che leggeva con grande interesse una rivista. *Una rivista di pesca!*

Si precipitò fuori, nei pochi minuti ancora a disposizione. All'orario di ufficio aveva già la rivista sulla scrivania, più un assortimento di esche finte e un libro sui salmoni.

Quando Ialini gli passò davanti, guardò con curiosità e disse:

– Queste sono esche da trota, vero?

– Sì – disse Adattati – lei se ne intende?

– Ne so qualcosa – rispose Ialini con mezzo sorriso.

La speranza tornò nel cuore camaleontico di Adattati. Comprò un'attrezzatura completa da pesca, decine di libri, studiò indefessamente. In un solo week-end ne sapeva più lui sulle trote di tutto il Ministero della Pesca in Acque Interne.

Il lunedì si presentò millantando stragi di ciprinidi, mostrò ami del sedici, mimò con ambigue movenze la carpa che a bocca spalancata si avvicina al boccone traditore di granturco, e ottenne un grande successo raccontando l'invasione dei pesci siluro sovietici nei laghetti italiani.

Quel pomeriggio stesso fu convocato da Ialini. Col cuore in gola notò che il direttore lo aspettava tenendo tra le mani la rivista.

– Mi dicono, Adattati – esordì – che lei è un pescatore provetto...

– Oh beh, dottore... un semplice hobby. Ma lei sa bene (*e ammiccò*) che può anche diventare una malattia... voglio dire, quando il rapalà argenteo scagliato dal duttile carbonio della Daiwa vola nell'aria verso il fondale lontano, dove il persico reale sta acquattato nella sua splendida livrea bronzea...

– Sì capisco, tutti gli hobby sono piacevoli... ma insomma, lei sarebbe disposto questo sabato ad andare a pescare sul Po?

– Oh dottore – disse Adattati con un groppo alla gola, e non riuscì a dire di più. Loro due e la nebbia dell'antico Eridano, a scambiarsi i vermi con cortese sollecitudine. Che sogno!

– Capisco che le sto chiedendo un grosso favore – sospirò Ialini – ma è arrivata questa circolare del Ministero dell'Interno riguardante una gara di pesca tra i dipendenti. Ogni ufficio deve inviare un rappresentante, io non me ne intendo e le dico sinceramente che non ho mai pescato e che trovo la pesca un'attività... non saprei come dire... alquanto...

– Insignificante – suggerì con un singulto Adattati.

– Beh non proprio, ma quasi... perciò se lei che è così esperto volesse partecipare e tenere alto l'onore dell'ufficio...

– No – disse Adattati – pescare mi annoia.

– Ma io credevo...

– Pescare mi annoia – ribadì Adattati quasi in lacrime, e uscì dall'ufficio gobbo come una carpa.

Non parlò per una settimana. Ma il Dio Proteo ne ebbe pietà. Una mattina giunse improvviso un fax che ribaltò di colpo la situazione:

Il giorno 12 aprile giungerà in visita nella Vostra città, in occasione dell'inaugurazione del locale Centro Ginnico per giovani industriali, il Presidente del Consiglio. È vostro compito organizzare l'intera cerimonia di accoglienza all'aeroporto.

Adattati scattò dalla scrivania con un'espressione animalesca negli occhi. Ora basta, pensava, maledetta anguilla, abbietta goccia di mercurio. Non potrai sfuggire a questa prova. Bussò alla porta del direttore ed entrò con tale decisione da farlo sobbalzare sulla sedia.

– Qualcosa non va, Adattati?

Adattati posò energicamente il fax sulla scrivania.

– La prossima settimana è in arrivo il Presidente del Consiglio. Ora, come lei sa (*scandì le parole come revolverate*), mentre per le altre cerimonie sono previste delle tabelle standard, secondo il regolamento del nostro settore, tutte le decisioni encomiali in caso di visita *di grado uno*, come è appunto questa visita, tutte le decisioni vanno prese con l'autorizzazione del direttore, *una-per-una*.

Ialini sembrò non perdere la calma.

– Ma io mi fido di lei, Adattati... lei saprà sicuramente come fare.

– No! – quasi gridò Adattati. – In questo caso ci sono decisioni che non posso prendere da solo, perché richiedono lo stanziamento extra della legge encomiale del giugno 1986, e inoltre vanno osservate le norme di sicurezza per visite di grado uno di cui solo lei è a conoscenza. Per finire, in passato, tutte le volte che si è trattato di visite del Presidente, ne ho sempre discusso col direttore, e non ho al riguardo nessuna esperienza di scelta autonoma.

– Non capisco cosa vuol dire – disse Ialini, con una leggera incrinatura nella voce.

– Vuol dire che io le devo comunicare le varie possibilità, *ma è lei che dovrà scegliere.*

– Non c'è altro modo? – disse Ialini, accendendosi una sigaretta al mentolo.

– Non c'è altro modo – disse Adattati, accendendosi una sigaretta al mentolo.

– Allora cominci pure – disse Ialini con un sospiro.

Adattati, spiando come un falco le reazioni della preda, iniziò:

– Per cominciare: il tappeto d'onore scendendo dall'aereo. Modello nuovo o vecchio? E la lunghezza: cento, centocinquanta o centottanta? Colonnine con passamano di cordone rosso nei primi trenta metri o durante tutto il tragitto? Pensilina extra in caso di pioggia?

– Uhm – disse Ialini – cosa è stato fatto per la precedente visita presidenziale?

Bastardo, pensò Adattati. Poi, freddamente, elencò:

– Tappeto Versailles amaranto, centocinquanta metri, cordoni nei primi trenta metri, niente pensilina, ma era luglio.

– Potremmo fare lo stesso, non crede?

– Dipende – sibilò Adattati – se lei pensa che la cerimonia non debba essere più vistosa della precedente. Cioè che non appaia nessuna differenza. Come lei sa, però, il presidente è accusato di aver riciclato pari pari la politica del vecchio regime, e questa mancanza di differenze potrebbe essere interpretata... come dire... come una sottolineatura ironica di questa continuità.

– Capisco – disse Ialini – beh, cambieremo qualcosina, questa non è la parte più importante, vada avanti.

– Allora, la bimba con i fiori che accoglie il presidente alla scaletta dell'aereo. Abbiamo tre possibilità:

a) bimba popolana con fiori di campo e spighe, evidente richiamo al mondo del lavoro.

b) bimba ginnica e vagamente militaresca, con fiori bianchi tenuti a mo' di fiaccola. Segnale di ordine, omaggio all'esercito e alla tradizione.

c) vezzosa figlia di maggiorente locale offrente prodotto nostrano, dolce, bullone, marmo, pistola, insaccato...

La scelta del maggiorente, ovviamente, comporta l'esclusione di molti altri, e anche riguardo alla scelta del prodotto locale...

– Risolveremo il problema – disse Ialini accendendosi un sigaro. – Prosegua.

– Bene, secondo il cerimoniale, il presidente dopo aver baciato una o più volte la bimba, a terra o pensile, si presenta davanti al gruppo delle autorità cittadine, gruppo la cui composizione non riguarda, fortunatamente, noi. A questo punto comincia a suonare la banda. Ecco quali sono le bande iscritte nel ruolo encomiale di grado uno:

Banda militare della finanza, specialità marce;
Banda dei carabinieri, specialità inni nazionali;
Banda dei bersaglieri, specialità galop e cariche;
Banda degli alpini, specialità cori e canzoni d'alta quota;
Banda della Croce Rossa, specialità marce verdiane e dixieland;
Banda dell'Associazione Reduci di Guerra, canti di trincea;
Banda dell'Associazione Partigiani, canti di lotta e liscio;
Banda degli Orfanelli, ogni tipo di musica, anche sigle televisive;
Banda del Conservatorio, grandi ouverture.

Seguì un lungo silenzio. Ialini esaminò le ultime visite dei presidenti: spese, dati, misure. Lesse i ritagli di giornali. Consultò il book delle bimbe fiorifere. Poi si alzò e prese a camminare lentamente intorno alla sedia, tanto che per guardarlo Adattati era costretto a ruotare la testa come un gufo. Per la prima volta si accorse di quale potere ipnotico avesse la voce neutra, incolore di Ialini.

– Fin dal primo momento che l'ho vista, Adattati, ho capito subito che tipo d'uomo è lei. Un uomo, diciamo così, che non ama avere idee personali.

– In un certo senso...

– Non si mascheri – continuò Ialini – faccio il direttore da molti anni, so riconoscere i miei impiegati. Fin dal primo istante ha cercato di capire chi ero io, quali erano le mie inclinazioni, ha cercato di piacermi, di adattarsi a me. Non è un rimprovero questo, so che non si tratta di volgare ruffianeria, i modi degli adulatori sono ben più rozzi dei suoi. Il suo agitarsi è legato... a una dannazione, a un qualcosa che si porta dentro fin dalla nascita... potremmo chiamarlo, mi scusi il termine, un istinto di pecoraggine.

– Ma io non volevo...

– Non si scusi; conosco bene la fame di tranquillità, il legittimo desiderio di non scontrarsi col mondo, comprendo perché lei preferisce al mondo spigoloso delle idee personali il mondo soffice delle idee degli altri... idee su cui sdraiarsi... lei non è certo il solo, in questo paese.

– Sì – riuscì soltanto a dire Adattati.

– Allora mi ascolti bene – disse Ialini, chinandosi col capo su di lui con improvvisa familiarità, tanto che i loro profili quasi si sfioravano in un'imbarazzante intimità, più di quanto Adattati avesse mai sognato. – Ebbene, lei ha commesso un errore, usando la sua tecnica conformista nei miei confronti... ha cercato di scoprire le mie idee, è quasi impazzito perché non le trovava, e non ha pensato alla cosa più semplice, Adattati: e cioè che *io sono come lei.*

Adattati sgranò gli occhi. Il direttore gli posò una mano sulla spalla e gli sorrise benevolmente.

– Io, esattamente come lei, non voglio avere idee, voglio quelle di chi mi circonda. Quindi ora noi ci metteremo al lavoro: faremo di questo cerimoniale qualcosa al termine del quale nessuno, dico nessuno, potrà trovare una pecca, nessuno potrà stabilire che esprima il minimo accenno di deprezzamento o esaltazione. Il presidente verrà accolto, omaggiato, coperto di fiori, incederà sul tappeto, bacerà minorenni, udrà inni, ma il giorno dopo nessuno, dico nessuno, potrà dire se tutto ciò è stato troppo o poco. Serviremo questo presidente come quelli prima e come quello che verrà dopo, lei ha esperienza e talento, anch'io ne ho, ci riusciremo.

Adattati non sapeva che dire. La tensione gli si scioglieva in un piccolo tremito delle gambe, tormentava ansiosamente il fax tra le mani.

– Non si emozioni ora – disse calmo il direttore – emozionarsi somiglia già sinistramente a un'idea, non crede? Porti qui tutte le carte. Lavoreremo tutta notte, se necessario.

– Ce la faremo – disse Adattati alzandosi deciso.

– Sì – disse il direttore. E come se di colpo perdesse l'equilibrio, abbracciò il suo impiegato. E restarono lì per un po', né imbarazzati né felici, come se si sostenessero a vicenda, come se uno dei due, muovendosi, potesse far cadere l'altro.

Poi si misero al lavoro.

14.

IL RE MORO

Il Re Moro entrò nella scuderia. Sul volto d'ebano brillavano gli occhi feroci che tanto terrore incutevano ai nemici durante le battaglie. Osservò i due cavalli, uno bianco e uno nero, purosangue di incredibile bellezza. Li valutò attentamente poi, con fare deciso, mosse verso il cavallo bianco. Fu questione di pochi attimi: il cavallo, con un doppio balzo, si avventò sul Re Moro e lo mangiò.

Il Re si era dimenticato di essere il re degli scacchi.

15.

RE CAPRICCIO

Grand Hotel cinque stelle, corridoio della suite imperiale.
Due camerieri in giacca rossa spiano dal buco della serratura.
– Mangia?
– Per ora annusa soltanto...
– Che faccia ha?
– Non lo vedo, è di spalle. Continua ad annusare...
– Speriamo che lo mangi.
– Oddio!
– Che c'è?
– Qualcosa non va...
Manrico Del Pietro, il più grande tenore del mondo, aveva allontanato da sé con disprezzo l'uovo al tartufo che lo chef del Grand Hotel aveva cucinato previo consulto telefonico col suo cuoco personale. Un'auto velocissima aveva percorso l'agro provinciale cercando un uovo di gallina ruspante che avesse lasciato il culo natio da meno di un'ora. Un tartufo bianco di Monzuno era stato affettato in scaglie trasparenti sopra l'uovo all'occhio di bue. Sul tutto erano state versate sei gocce d'olio della tenuta Del Pietro. Un demi-chef era svenuto per la tensione. Un apprendista salsiere, che aveva rischiato di far cadere il tartufo, era stato sospeso per un mese. La cena per il resto dei clienti era in ritardo di mezz'ora. E dopo tutto ciò il capriccioso, imprevedibile, bizzoso, divino, inimitabile Del Pietro ancora non si decideva ad assaggiare. Stava immenso e litocrono in poltrona, avvolto in un kimono nero, i capelli chiusi nella retina e i baffi tinti rilucenti sotto i lampadari della suite.
Il suo sguardo era puntato sulle grandi tende che coprivano

le vetrate della stanza; precisamente sull'angolo destro della tenda centrale, dove la sua vista acutissima aveva notato un impercettibile ondeggiamento.

Con gesto lento, posò il tovagliolo nero con le iniziali ricamate in oro.

– Ahi ahi – si dolsero i camerieri, svignandosela come pesciolini all'arrivo di uno squalo. Il più grande tenore del mondo posò la mano regale sul telefono e compose il numero del direttore dell'albergo.

– Desidera? – rispose una voce terrorizzata.

– So-no Del Pie-tro – cantò sulle note la-la-si-do-la. Dall'altra parte ci fu un breve silenzio, poi strani confusi rumori. Il direttore dell'albergo era così stressato dalle telefonate del Maestro che ogni volta collassava lievemente e doveva essere rianimato.

– Dica, Maestro – esalò con un fil di voce.

– Ora-le-dirò (la-si-fa-fa-re).

Dopo un attimo, l'hotel fu investito dalla scenata del tenore. In ognuna delle duecentosei stanze la sua voce turbinò come una bufera, i camerieri cercarono rifugio negli ascensori, i clienti sotto i letti, i facchini dentro i bauli, nelle cucine rotolarono pentole e tegami, le maionesi impazzirono, i cuochi tremarono come gelatine. Tanta era l'onda d'urto di quella voce furibonda.

– Uno spiffero! – urlava il Maestro – Nella mia stanza c'è uno spiffero. La mia voce rantola nella morsa dei vostri malefici spiragli! L'alito venefico e putrido della città sta in questo momento insinuandosi nella mia stanza, spargendo pollini e virus e azzannandomi alla gola. Già sento che la mia voce s'incrina, credevo di essere in un Grand Hotel invece mi trovo in una catapecchia, altroché cinque stelle, neanche un asteroidino meritate, ma vi farò causa io, vi rovino io, devo cantare la *Berenice* stasera io, e se perdo la voce questo albergo sarà raso al suolo e voi tutti licenziati in tronco (*qui prese fiato e riprese mezzo tono più alto*). È questo, dico io, è questo il rispetto per l'uomo che ha reso grande il nome dell'azienda Italia nel mondo? È questa la cura che si ha per l'ugola che il "New York Times" ha definito "lo scrigno di Orfeo"? Devo dunque io (*singulto*), dopo tanti anni di onesto lavoro, vivere in un igloo, esposto ai venti come un clochard qualsiasi?

– Maestro, Maestro – supplicava il direttore – ci permetta di rimediare...

– Voglio subito – tuonò Del Pietro – *primo*, una squadra di stuccatori, *secondo*, un ingegnere o altro tecnico che controlli l'intera aerazione della stanza! Ho detto e ripetuto che devo vivere a ventitré gradi e ieri, per quasi mezz'ora, il termometro è sceso a ventuno e ora so perché, era quello spiffero, quella voragine nella finestra, e che dire del caffè che stamattina è arrivato con ben due minuti di ritardo e come mai nel coro delle mie dodici spremute c'erano due papaye e mancava il mango, e perché dal giornale di stamattina non era stata strappata la pagina contenente la recensione odiosamente entusiasta del concerto del presunto tenore Ambrassas, e perché le mie pantofole erano state poste ai piedi del letto in posizione non parallela cosicché ho dovuto divaricare le gambe per calzarle, col rischio di una caduta e perché infine ieri... – urlò il tenore, interrompendosi per consultare l'orologio.

– Dica, dica pure – uggiolò il direttore, servile.

– ...e perché infine ieri... oh basta, sono stanco! – concluse Del Pietro, sbattendo giù il telefono. Come molti sapevano, i suoi capricci erano devastanti, ma temperati da una particolarità: non duravano mai più di ottanta secondi, per non consumare la voce. Inoltre, dopo ogni capriccio, il Maestro, per alcuni minuti, era di ottimo umore. Qualcuno diceva che per lui i capricci erano come un buon bicchiere di vino. E chi non avrebbe concesso un buon bicchiere al più grande cantante lirico del mondo?

Il direttore non tardò ad arrivare, con una squadra di stuccatori e un signore in tuta da astronauta.

– Maestro, siamo desolati per l'accaduto. Le presento il professor Maioli, capo del programma Nasa per l'impermeabilità delle capsule spaziali. È stato prelevato con l'elicottero e portato qui in tempo record. Spero che ciò possa farci perdonare...

– Vedremo, vedremo – disse Del Pietro con un gesto magnanimo – su, mettetevi al lavoro.

– Maestro, è un onore per me – disse lo scienziato – l'ho sentita il mese scorso a Francoforte nella *Tosca* e devo dire...

– Una serata in cui ho dato il meglio, sì – approvò il tenore – anche se ero un po' nervoso.

– Sono a conoscenza dell'episodio. Era disturbato dal passaggio degli aerei sul suo albergo.

– Sì, ma il ministro, in quell'occasione, fu molto comprensivo. L'aeroporto fu bloccato per tre ore. Certo, ci fu quel piccolo incidente all'aereo di Taiwan rimasto senza carburante, ma non vi è grande arte senza sacrifici.

– Maestro – sorrise lo scienziato – bisogna proprio dire che lei non è soltanto l'ultima grande voce della lirica, è anche l'ultimo dei grandi capricciosi.

– Posso permettermelo – disse Del Pietro – vede, professore: io posso imporre qualsiasi cosa a chiunque, mentre nessuno può imporre qualsiasi cosa a me. Questo significa essere grandi. E ora, se permette, vado a fare il bagno.

Il Maestro entrò nel bagno, di piastrelle nere come da contratto. Qui lo attendeva il segretario personale, il dottor Fedora, l'unico in grado di sopportarlo, per via di un servilismo e di una pecoraggine uniche al mondo.

– È pronto il mio bagno, Fedora? – chiese il Maestro, liberandosi del kimono e mostrando il fisico possente, centotrenta chili di cassa di risonanza e rotondità amplificanti, forse qualcuno di troppo, ma quale donna avrebbe potuto dire al Maestro: lei mi schiaccia? Tutt'al più sospiravano: come mi sento piccola e fragile tra le sue braccia, e poi correvano a farsi ingessare le costole.

– Temperatura dell'acqua? – chiese Del Pietro.

– Trentasei gradi – disse il segretario.

– Sali da bagno?

– Désir d'amour al sandalo, boccetta numerata, cui ho miscelato dieci gocce di elicriso e dieci di eucalipto.

– Profondità?

– Ottanta centimetri.

– La spugna?

– Sarda della Costa Verde.

– Le ochette?

– Come lei ha ordinato, una bianca e una rossa.

– Con l'elica?

– Veramente – disse Fedora – mi sembrava che lei avesse chiesto quelle antiche di legno, della collezione Goering.

– No, Fedora. Ho detto le ochette "piccole". Vale a dire quelle di plastica che aprono il becco, fanno qua qua e nuotano tutto intorno. Dove sono?

– Fortunatamente le ho qui nella borsa, Maestro – disse il segretario – eccole qua, Marisina e Tommasina.

– Marilisa e Teresina, cretino – disse il tenore, entrando nell'acqua come un tricheco. – Sai che hai rischiato il licenziamento, vero?

– Sì, Maestro. Posso andare?

– No. Ho bisogno di qualcuno che mi lavi la testa.

– Posso fare io, Maestro?

– Neanche per sogno, tu hai delle unghiacce da strega. Voglio subito qui il mio parrucchiere personale.

– Ma Maestro... Julien probabilmente sta lavorando...

– Lo so, ma voglio lui. E *basta* discutere! – troncò Del Pietro, e con una manata, schizzò irosamente di schiuma Fedora, che uscì mestamente dirigendosi verso il telefono.

– Signor direttore, è da parte del Maestro.

– Oh povero me, cosa c'è ancora?

– Vuole Julien, il suo parrucchiere personale. Potrebbe andarlo a prelevare con l'elicottero dell'hotel?

– Dio mio, quanto tempo ho?

– Non più di quindici minuti.

– E dove si trova questo Julien?

– Credo stia pettinando la moglie del sindaco per la prima di stasera.

– Ma come faccio a...

– Glielo strappi via, la lasci con i bigodini in testa. Lei non sa di cosa è capace il Maestro se viene contrariato il giorno della prima.

– Ci proverò.

Fedora crollò su una poltrona. Non era una vita facile, la sua. Dal bagno risuonava la voce del tenore che alternava brani della *Berenice* a conversazioni con le ochette.

– Fosse sempre così tranquillo – disse tra sé.

– Fedora! – urlò il Maestro, come se lo avesse sentito.

– Serve qualcosa?

– Vieni subito qui.

Del Pietro era nella vasca, pallido, con la labbra livide e guatava l'acqua profumata come se nascondesse un caimano.

– Cosa c'è, Maestro?

– Fedora, dianzi ho petato...

– Ebbene?

– Nessuna bolla d'aria è apparsa alla superficie. Perché? Ti sembra normale?

Ahi ahi, ci risiamo, pensò Fedora, i peggiori capricci del tenore erano quelli a sfondo ipocondriaco.

– Sono forse occluso? Cementato? Mi sto forse gonfiando come un aerostato? Sai bene che l'emissione d'aria è fondamentale nel mio lavoro, ti ricordi, vero, quando ho abbattuto mezzo coro del *Nabucco*, io devo sfiatare, è indispensabile alla mia respirazione, come per le balene o i delfini, chiama il mio medico... anzi no, ci vuole qualcuno più competente, un esperto di fisica sottomarina, provvedi Fedora, o ti butto giù dalla finestra...

– Provvederò, Maestro.

Un'ora dopo il grande Del Pietro si era del tutto tranquillizzato in seguito a un colloquio intercontinentale con il Centro Ricerche Oceanografiche di Miami, e precisamente col maggior esperto mondiale di patologia dei cetacei, il dottor Starbuck. Il Maestro si godeva un momento di relax tra un'ochetta e un sorso della sua acqua minerale preferita, riserva himalayana, quando qualcuno bussò alla porta. Solo una persona era autorizzata a bussare alla porta del bagno del Maestro senza essere investito dalla sua ira: il suo manager Caprone.

E Caprone infatti entrò, salutò e si sedette fieramente sul water. Era stato anche lui un tenore, per quanto di scarso talento, e stazzava ancor più del Maestro. Indossava una pelliccia di lupo siberiano lunga fino ai piedi, e ben presto il caldo e i vapori del bagno lo fecero sudare a ruscelli. Diede un imbarazzato colpetto di tosse e disse:

– Manrico, da quanto io e te lavoriamo insieme?

Il Grande Tenore lo fissò sospettoso: era una frase che annunciava sempre brutte notizie.

– Sputa l'osso, Caprone, cos'è successo di sgradevole? La Lodoletti. Quel soprano da filodrammatica?

– No, no, la Lodoletti non fa storie. Ha accettato di uscire alla ribalta solo dopo tutti i tuoi applausi.

– Quel frocio di Blumenthal?

– No, no, è onorato di dirigerti, anche se sono tre giorni che non provi...

– E allora? Ambrassas? Ancora lui? Ha detto qualcosa di perfido su di me in una delle sue biliose interviste, quel tenorucolo da balera, quel cornacchione stonato, ma io gli faccio causa io, lo rovino io, lo mando a cantare in strada, io...

– Niente di tutto questo – disse Caprone, sbottonandosi la pelliccia – è una cosa... che riguarda il presidente...

– Non verrà? – gridò il Maestro, sobbalzando e affondando Teresina – Ma è un insulto!

– Verrà, verrà, stai tranquillo. Anzi, proprio qui sta il problema. Ma è un problemuccio che possiamo risolvere facilmente. Il presidente è un grande appassionato di lirica e tuo sperticato estimatore. Direi che è un vero fanatico, e tu sai come sono questi fanatici...

– Insopportabili – sospirò il Maestro, immergendosi fino a lasciar fuori solo l'atollo dell'epa.

– Trattandosi del presidente, sarà meglio usare il termine "capriccioso". Diciamo che chi ha tutto, ogni tanto fa i capricci, tu lo sai bene, no? Non sei forse soprannominato Re Capriccio?

– Così dicono i pennivendoli filoambrassiani. Ho le mie preferenze, ecco tutto.

– D'accordo – disse Caprone – diciamo allora che il presidente ha anche lui una sua segreta preferenza. È uomo molto potente, è padrone di tutto il paese, può fare e disfare sollevando un mignolo, ma ha un sogno che non è mai riuscito a realizzare... e noi possiamo aiutarlo.

– Spiegati meglio.

– Il sogno del presidente è di calcare un palcoscenico lirico. Anzi, per l'esattezza, di cantare al tuo fianco.

L'urlo del Maestro risuonò prolungato trivellando i venti piani dell'albergo. Fedora dovette percorrerli tutti per rassicurare i clienti che si trattava solo di una piccola discussione di lavoro. Dalla suite giungeva rumore di vetri rotti e porcellane volanti. Quando il tornado sembrò placato, Fedora entrò nella suite con cautela. Del Pietro era in accappatoio, coi capelli ritti come un'Erinni per l'ira e per il phon di Julien. Sul letto c'era un specie di grosso cane bagnato; era Caprone che con la mano si comprimeva un occhio pesto. Lampade rotte, portacenere, ananas e dischi d'oro erano sparsi tutto intorno. Ma lo sfogo del Maestro aveva già superato il minuto, e quelli erano gli ultimi tuoni che si allontanavano.

– È un insulto alla mia grandezza! Nessuno può farmi una richiesta simile, neanche il presidente. È già un supplizio per me dividere il palcoscenico con bassi ruttanti, baritoni sfiatati e soprani gnaulanti. Mai e poi mai! – ribadì, mentre Julien gli intiepidiva dolcemente la nuca.

– Ma basterebbe... una piccola apparizione, ecco. Il presidente ha una discreta voce da baritono: potrebbe, che so, fare la parte dell'indovino.

– Neanche per sogno. È troppo lunga.

– Allora il dottore, ecco, ha solo tre battute, quando ti dà la notizia della malattia di Berenice *"Chiaro veggio il pallor"* e tu rispondi *"O uom funesto!"*...

– Mai! È un momento drammatico, fondamentale.

– È disposto anche a vestirsi da prete, nel secondo atto, e cantare *"Sacrilego fu il detto"*.

– Sacrilego, ecco il termine adatto, ciò che mi chiedi è sacrilego!

– Va bene – si spazientì Caprone – allora te lo dico chiaro e tondo: il ministro dello spettacolo ha minacciato che, se rifiuti, non canterai più nel nostro paese. Non troverai più una scrittura. I giornali scriveranno che stecchi un giorno sì e l'altro no.

– C'è sempre l'estero.

– Il presidente ha le mani lunghe. Fa affari in tutto il mondo, può arrivare dappertutto...

– Non mi piego. Sono il più grande cantante del mondo, con i capricci più grandi del mondo. Come puoi pensare che io rinunci a questa fama?

– Farà cantare Ambrassas all'inaugurazione del campionato di calcio.

– Faccia pure. Un pallone gonfiato tra i palloni (*risata tenorile*).

Caprone crollò in ginocchio, piagnucolando.

– Fallo per me Manrico, ho tre figli, tre mogli...

– Può stare tra le quinte, se proprio vuole... – disse il Maestro guardandolo con indifferenza.

– No! Vuole salire sul palcoscenico.

– Il mio motto è: posso imporre qualsiasi cosa a chiunque, nessuno può imporre qualsiasi cosa a me. Lo dico, lo confermo e lo ribadisco.

– Allora preparati al peggio: Anatoli Ambrassas è atterrato all'aeroporto un'ora fa. Temo che stasera il presidente per ripicca...

– Questo no! Al mio posto no, questo non lo posso permettere!

Camminò in lungo e in largo per la stanza come una belva, seguito dal phon di Julien. Poi disse:

– Comunica al presidente che può entrare in scena con me: ma non dovrà cantare. Una comparsata è tutto quello che posso concedergli.

Caprone scattò in piedi, corse al telefono. La sua voce divenne caramellata e furono contati duecentosedici "ha ragione", mentre trattava col presidente. Alla fine comunicò raggiante:

– Ha accettato!

– Va bene, ma cosa farà in scena? Un soldato? Un cavaliere del ballo? Uno dei monaci?

– Deve ancora decidere – disse Caprone a bassa voce.

Fedora gli si accostò con fare da congiurato.

– È stato un bluff quello di Ambrassas, vero?

– Zitto – disse Caprone strizzandosi la pelliccia – quando il gioco è così grosso, ogni colpo è consentito.

Fu così che alla prima della *Berenice* serpeggiava tra lo scelto pubblico la voce che ci sarebbe stata "una sorpresa". Il presidente era nel palco reale, con la consueta aria da fotomontaggio, e la first lady esibiva l'usuale arcimboldo di riccioli. Le belle dame cicalavano sulla orrenda pettinatura della moglie del sindaco, i magnati del regime deducevano, dai palchi assegnati, chi contava ancora e chi non contava più. Il competente loggione lanciava sputi e pistacchi alla pecoronissima platea che faceva finta di nulla, giovani attivisti lanciavano manifestini contro l'effeminatezza del melodramma e a favore dell'invasione dell'Engadina. Finché il maestro Blumenthal entrò solennemente, si beccò un "vaffanculo ebreo" peraltro isolato e diede inizio a *Berenice*.

Fin dalla prima scena, la "scena del congedo", Del Pietro appariva molto nervoso. Avanzò tra il coro dei commilitoni che intonavano *"O ben più dure le battaglie del cor"*, sbirciando sotto i chepì, col timore di veder apparire il volto del presidente. Ma il presidente era lassù nel palco, e Del Pietro cantò *"Addio ai bivacchi"* con la consueta maestria. Il primo atto fu un trionfo, e anche il secondo, malgrado una furbatina della Berenice-Lodoletti che cercò di piazzarsi davanti nel duetto d'amore, mossa a cui il Maestro rispose con una sgarrettata che lasciò la poverina senza fiato a metà dell'acuto finale.

Tra il secondo e il terzo atto il Grande Tenore fece il solito capriccio. Volle un ghiacciolo al genepí, per trovare il quale si mobilitarono gli alpini, poiché Caprone aveva dato ordine di accontentarlo anche se chiedeva sangue umano.

E si arrivò così all'ultimo atto. La povera Berenice giace nel suo letto. Ha atteso tre giorni e tre notti in strada sotto la neve che Edgardo, ovvero Del Pietro, le riaprisse la porta. Dopodiché ha contratto regolare polmonite. Edgardo l'ha cacciata e ripudiata perché crede di averla vista uccidere in duello suo fratello Ermanno, ma ignora che l'assassino è invece il fratello gemello di Berenice, il tenente Berengario che si è vestito da donna per uscire dalla caserma e potersi battere. A metà dell'atto tutto si chiarisce nel famoso "quartetto degli equivoci" e così si va verso lo straziante finale, il duetto d'amore e morte. Edgardo entra nella camera da letto di Berenice per chiederle perdono. La vede pallida ed esangue e gli manca il fiato per il rimorso e perché ha notato che, nel palco reale, il presidente non c'è più.

Così intona *"Un peccator t'implora"*. La voce è ferma, il Maestro no. Inizia a percorrere in lungo e in largo il palcoscenico. Spia il volto del medico, guarda sotto le velette delle donne in gramaglie, esamina uno per uno i parenti, corre a controllare un maggiordomo sullo sfondo. Pubblico e critica si dividono. Alcuni rimpiangono l'abituale statuaria gestualità del tenore. Altri invece approvano questa geniale invenzione recitativa: il dolore rende Edgardo folle, egli non trova pace, si aggira febbrile, guarda addirittura sotto il letto, ecco che tutti se ne vanno, ed egli rimane solo con Berenice: sul suo volto, un'espressione di dolorosa tensione (*dov'è? che abbia rinunciato?*). Siamo all'epilogo: Edgardo prende tra le braccia Berenice ormai morente, la porta verso il pubblico e canta l'indimenticabile aria *"Ella fu già sì pura"*.

E ciò che videro gli spettatori fu, in effetti, indimenticabile. Il Grande Tenore che si avvicina al letto, solleva tra le braccia Berenice e in quel momento vede sorridergli, sotto un parruccone biondo, il presidente, oscenamente truccato. E mentre è tra le braccia di Del Pietro, il presidente saluta il pubblico che lo ha riconosciuto e applaude entusiasta, e mima la morte di Berenice con tali istrioniche convulsioni da far dimenticare la voce del Grande Tenore: quando cala il sipario, il pubblico esplode in un'ovazione.

E grida un nome ma non è quello di Del Pietro.

Il sipario si riapre ed eccoli mano nella mano, il presidente piange commosso, lancia baci, viene sommerso dai fiori, mentre al suo fianco, scuro in volto, curvo, sta il Grande Tenore il cui trucco si scioglie in una maschera tragica. Egli si inchina ma il pubblico lo ignora, continua a lanciare fiori alla sua Berenice. Sette volte tornano alla ribalta insieme, sette volte il tenore viene umiliato, all'ottava chiamata il presidente si presenta da solo e il teatro crolla per gli applausi.

Nel suo camerino, Manrico Del Pietro estrae lo spadino da militare del primo atto e se lo conficca nella pancia.

Lo spadino è di gomma.

16.

REX E TYRA

Quando si è giovani e innamorati, si ha fretta. Rex percorreva a grandi balzi la valle pietrosa in fondo alla quale c'era la casa di Tyra. Voltandosi indietro vide le sue grandi orme perdersi in lontananza. Oh sì, ne aveva fatta di strada! Perché ti sei scelto una fidanzata di montagna, gli aveva detto il padre, non ce n'erano abbastanza quaggiù? Ma Tyra aveva qualcosa che le altre non avevano. Quel modo di guardare, di socchiudere gli occhi. E poi i suoi denti, bianchi, brillanti. Sì, Tyra era la più bella piccola che avesse mai incontrato. Valeva la pena di correre tanto per incontrarla. E poi Rex era un giovane tirannosauro robusto, non era certo un deserto di pietra a spaventarlo.

Passò vicino a una pozza d'acqua. C'erano quattro tops supercorazzati e panciuti, che facevano il bagno pigramente.

— Dove vai, capoccione — ghignò uno.

— Guardalo — disse l'altro — ha una testa così grossa che se si ferma casca in avanti.

— Sei bello tu, cornuto — disse Rex, senza smettere di correre.

— Ehi, cosa ci fai nel nostro quartiere? — strillò una giovane top col becco appuntito, non male nel suo genere — Non sai che qua non vogliamo carnivori?

Rex non rispose. Meglio non accettare provocazioni. I triceratops erano lenti, ma se ti accerchiavano in sei o sette, potevano diventare pericolosi. E in effetti, quella era la loro zona. Percorse di buon passo la salita che lo portava da Tyra. Arrivò davanti a una grande caverna, nella parete a strapiombo del monte. Riprese fiato e la chiamò.

— Ehi, piccola...

Tyra uscì lentamente dalla caverna. Era ancora più bella di come la ricordava. Aveva fatto il bagno e la pelle scura brillava sotto il sole. Sorrise mostrando la formidabile dentatura.

– Ciao Rex. Allora, andiamo lassù?

– Te l'ho promesso. La cima del cratere ci aspetta.

– Non perdiamo tempo. Mio padre è a caccia, ma potrebbe tornare presto e quando torna è sempre arrabbiato.

Si incamminarono fianco a fianco, facendo rotolare massi giù per la discesa.

– Vedi – disse Tyra – il babbo non si vuol convincere che è vecchio. Gli scappano tutti ormai, anche i bradosauri. Due giorni fa ha provato ad attaccare un bronto e per poco non ci lascia le penne. S'è beccato una codata in faccia, ha ancora il segno. E quando torna a casa senza preda, se la prende con la mamma.

– Anche il mio vecchio si arrabbia spesso – disse Rex – ma per fortuna qualche preda la cattura ancora. Purtroppo, quando si mette a raccontare le sue antiche battute di caccia, non la smette più. Allora sì che c'era selvaggina! dice. Quella del pterodattilo preso al volo l'avrò sentita venti volte.

– Brutta cosa invecchiare – sospirò Tyra.

– Già – disse Rex e con la piccola zampa anteriore cercò di cingerle la schiena, ma Tyra ridendo scappò agilmente in avanti.

Ormai erano alle pendici del cratere. La terra era più scura e calda. Incontrarono due stegosauri che si scambiavano colpi con le code chiodate per tenersi in allenamento.

– Ciao Steve, ciao Greg – salutò Tyra.

– Ehilà bella – disse Steve – vai su al cratere?

– Attenta a non scottarti – disse Greg strizzando l'occhio.

– Non capisco cosa ci trovi in quei tipi – brontolò Rex, un po' seccato. – Sono dei nanerottoli. Masticano tutto il giorno. Hanno una testa minuscola. E hanno la carne dura e piena di spine.

– Sono bravi ragazzi – disse Tyra – mica vorrai farmi una scenata di gelosia...

Cominciarono a scalare la parete del cratere. Non era molto ripida, ma il loro peso faceva franare il terreno. Rex spinse Tyra da dietro col muso. Lei finse di arrabbiarsi. Infine arrivarono in cima. Dall'interno del cratere salivano colonne di fumo e un odore acre. L'aria era grigia e rovente.

– Mi piace venire qui, ma ho anche paura – disse Tyra. – Mio nonno mi raccontava sempre che quando la Grande Pietra Volante aprì questo buco, molti di noi morirono.

– Anche mio nonno me lo raccontava – disse Rex avvicinandosi – e poi mi diede un consiglio prezioso.

– E quale? – chiese Tyra, appoggiandosi a lui.

– Disse: vedi piccolo Rex, un giorno una Pietra più grande delle altre cadrà dal cielo su questa valle, e farà un cratere enorme dalle montagne fino ai laghi. Il cielo diventerà ardente come il giorno della Grande Pietra. E allora, sai che consiglio mi diede il nonno?

– Sono proprio curiosa – cinguettò Tyra.

– Mi disse: Rex, se un giorno ti trovi solo con una bella piccola, e ti vien voglia di baciarla, non esitare perché da un momento all'altro può cadere la Grande Pietra.

– E se lei non vuole? – rise Tyra.

– Dille: pensa che sfortuna, piccola, se la Grande Pietra cadesse proprio adesso non sapresti mai cos'è un bacio.

– Chi ti dice che non lo sappia?

Una luce gialla illuminò il cielo. Rex la indicò con un sorriso.

– Vedi, è un segnale. Vuoi perdere questa occasione?

– Credo di no – disse lei. Ci volle un po' di tempo, perché un bacio tra due tirannosauri non è cosa da poco. Ma quando ebbero sistemato le zanne, e le bocche si unirono, sembrò loro che la terra tremasse, e un vento caldo li sollevasse da terra.

– Accidenti che bacio – pensò lui, guardando la sabbia che mulinava e le crepe che si aprivano nel terreno.

– Oh Rex – sospirò lei, continuando a baciarlo. Anche se avessero voluto smettere non avrebbero potuto, perché si erano incastrati proprio per bene. Così, bocca nella bocca, gli occhi chiusi, non videro il grande globo giallo che si ingrandiva lassù in cielo. Sentirono il rumore di mille zampe che correvano, e di rocce che si spaccavano, ma non gli importava molto di cosa stava succedendo.

Quando si è giovani, si ha tutta la vita davanti.

17.

IL PALAZZO DELLE NOVE MERAVIGLIE

L'uomo passò a prenderlo alle nove precise, al volante di una limousine nera lunga come un U-Boat. Balzò fuori, simulando agilità. Era sul quintale, rapato a zero e con un crocefisso d'oro tremolante all'orecchio. Portava il blazer azzurro degli Intrattenitori Governativi e occhialini viola da Barbie.

– Il signor Baccini, il re delle tette? – esordì.

– Sì, sono io, ma...

– È lei il proprietario delle più belle mucche del paese che pippano fuori ogni giorno milioni di litri di latte che finiranno nei cappuccini dei miei capi perché comincino la giornata meno incazzati?

– Sì. Anche se il contratto, per la verità, non è ancora firmato – disse timido Baccini, un ometto rugoso, con un nasone da pugile, un impermeabile sgualcito e un borsalino con piumetta.

– Beh, io sono il dottor Ascaro, Enne Emme, Night Man, notturniere patentato del nostro governo e le assicuro che dopo quello che le farò vedere, mi firmerà anche assegni in bianco – e calò la zampa sulla nuca di Baccini. – Scherzo, naturalmente, caro il mio cowboy. Posso chiamarla così?

– Chissà se scherza davvero – pensò Baccini, salendo sull'auto. Gli avevano detto di stare attento ai notturnieri. Sono pronti a tutto, pur di procacciare affari. Il governo voleva il suo latte, tutto e al prezzo più basso. Non sarebbe stato facile trattare, ma lui ci avrebbe provato. Era un cowboy testardo.

– Ha mai sentito parlare del Palazzo delle Nove Meraviglie? – disse Ascaro, masticando gomma nostrana e guidando a raffiche di clacson.

– Sì, mi sembra di aver visto qualcosa in televisione.

– Beh, è lì che andiamo. Ci porto solo i clienti importanti come lei – sorrise Ascaro. – Sigaretta? Mentina? Chewingomma nazionale? Un tiro di coca?

– No, grazie.

– Morigerato eh? Tutto casa stalla e famiglia. Su, cowboy, mi faccia un sorriso. Faremo follie insieme, stanotte – e strizzò l'occhio due volte.

Baccini sorrise educatamente. Aveva accettato, incuriosito dal programma: "Ore 21, tour notturno con accompagnatore". Ormai non poteva più tirarsi indietro, doveva mostrarsi uomo di mondo.

– Allora, Baccini, m'hanno detto che lei produce il latte migliore del paese. La sua azienda è una balia per tutti noi patrioti...

– Ho duemila mucche, di quattro razze diverse, così posso mixare la qualità, i grassi, il contenuto proteico. Poi naturalmente c'è la pastorizzazione...

– Lo so, lo so. Ottantamila litri di latte al giorno: una bella produzione. Ma mi dica, cos'è quella storia delle mucche di Guastalla?

Baccini simulò tranquillità. Sapeva che il governo aveva a disposizione mezzi ben più convincenti di quell'intrattenitore ciarliero.

– Una cosa davvero misteriosa – disse Baccini – un avvelenamento del mangime.

– Eh già, ho letto sui giornali. Seicento mucche, alla sera vispe e arzille, la mattina dopo, paf, tutte zampe all'aria. Morte, in un mare di diarrea. Neanche buone da scatolette. Un brutto affare.

– Sì, il padrone era un mio amico. Un brutto affare.

– Ma noi siamo qui per parlare di buoni affari e soprattutto per divertirci – disse Ascaro. – La sa la barzelletta del toro frocio?

Baccini la sapeva, ma se la fece raccontare lo stesso, e rise pure. Indubbiamente quell'Ascaro sapeva raccontare le barzellette; le infiorava, le mimava. Era il suo lavoro, in fondo.

Ascaro fischiò e urlò due porcate a una bionda in moto. Poi si mise in bocca un bolo di gomme e mentini, e si infilò a tutta velocità in un sottopassaggio che divideva la metà della città che andava a divertirsi da quella che andava a dormire. La radio dell'auto trasmetteva una technonenia nippoipnotica, mentre sbucavano su un ponte da cui si dominava un paesaggio di neon, ristoranti pensili e miliardi di macchine in fila.

– Eccolo qui, il nuovo quartiere che tutto il mondo ci invidia. Altro che Soho, Pigalle, Saint Pauli, Quarantaduesima Strada! Il presidente ha voluto edificare per i suoi sudditi un quartierino esplosivo: Caligola Due. Sa che quest'anno abbiamo già avuto sei milioni di turisti? Un'infornata di maiali e maiale da far paura. C'era mai stato, cowboy?

– No. Non vengo spesso nella nuova capitale...

– Le piacerà – sogghignò Ascaro – piace a tutti.

Ora procedeva lentamente lungo il Viale degli Acquisti, perché Baccini potesse ammirare le insegne, le merci nei negozi e i cartelloni luminosi con la foto delle Nozze del Figlio del Presidente con la top model russa.

– Caligola Due è ispirato ai quartieri del vizio giapponesi, specialmente al Kabuchi-cho di Tokyo. Loro ci hanno sempre copiato, ma stavolta noi abbiamo copiato loro. Anzi, li abbiamo superati. Neanche laggiù hanno qualcosa come il Palazzo delle Nove Meraviglie. Li abbiamo fatti gialli d'invidia – disse con una gran risata, e sputò il mix masticato fuori dal finestrino.

– E noi stiamo andando al Palazzo? – chiese Baccini.

– Vero come Dio – confermò Ascaro. – È un posto mica per tutti. Ci vuole una tessera speciale per essere ammessi. E... gusti forti, soprattutto. Il sottosegretario alle Prime Colazioni mi ha detto che lei va trattato come un ospite di riguardo.

– Troppo buono – disse Baccini.

– Non mi ricordo quante vacche mi ha detto di avere nella sua fattoria, cowboy...

– Circa duemila.

– Beh, qua a Caligola Due ce n'è almeno il doppio, non so se mi spiego – si tolse gli occhialini viola, sbatté le ciglia e fece saettare graziosamente la lingua. Baccini si sforzò di ridere. Provava un misto di eccitazione e di paura, ma lo mascherò: non voleva sembrare provinciale. La limusina si arrestò davanti a un posto di polizia. Una gigantesca insegna al neon sopra di loro raffigurava un serpente che teneva tra le fauci una fanciulla discinta. Onde intermittenti di luci rosse e gialle correvano a lato della strada. Ascaro mostrò agli agenti la tessera speciale, e proseguirono finché accanto a loro si stagliò il palazzo, un enorme grattacielo cilindrico. Lungo le pareti salivano ascensori trasparenti pieni di folla. Ogni piano era illuminato con un colore diverso. In cima ruotava il grande ristorante piramidale conficcando in cielo un lunghissimo raggio-laser. C'era poca polizia, l'ordine era tenuto soprattutto dai mafiosi del clan Tataro, che aveva in gestione metà del quartiere. Portavano tutti eleganti completi in pelle, occhiali neri, e un cuoricino fosforescente all'occhiello.

Ce n'erano due, grossi e cortesi, all'entrata Uno, quella per i Vip. Presa in consegna la macchina, scortarono Ascaro e Baccini fin dentro. La hall del Palazzo assomigliava più all'atrio di un ospedale che all'anticamera di Sodoma: un lunghissimo bancone aeroportuale, hostess sorridenti con kimoni bianchi scollati e scritte di sponsor ovunque. C'era un forte odore di disinfettante. In un angolo un bar con séparé, e dappertutto divani dove single, coppie o gruppetti consultavano dépliant.

Con piglio da habitué, Ascaro si diresse verso uno dei check-in, sventolando una tessera, e fece segno a Baccini di seguirlo attraverso una porta girevole. Baccini ruotò col fiato sospeso, aspettandosi di trovare dall'altra parte satanesse in giarrettiera e chissà cos'altro. Restò molto deluso, dato che si ritrovò in una stanza anonima, assopita nella moquette bianca. Un'inserviente bionduzza con un costume sexy-infermieristico li invitò a sedersi e mise in mano ad Ascaro qualcosa che sembrava un menu. Ascaro le infilò una banconota nella scollatura. La ragazza ringraziò con un piccolo inchino. Un giovanotto di colore portò due drink color fucsia.

Ascaro consultò attentamente il menu.

– Nulla di diverso dal solito – sentenziò alla fine – e ora caro il mio Baccini, anche se ci conosciamo da poco, bisognerà che si stabilisca tra noi... un po' di confidenza, un sano virile cameratismo, perché capisce, non stiamo andando a una riunione di affari, stiamo andando a divertirci...

– A divertirci – ripeté Baccini con un sorriso obbediente.

– Perciò, se lei ha delle preferenze, me le dica subito.

– Preferenze in che senso?

– Andiamo, cowboy – sbuffò Ascaro. – C'è qualcosa di particolare che le piacerebbe fare con qualsiasi creatura di qualsiasi sesso in qualsiasi posizione, con qualsiasi attrezzo complementare in qualsiasi orifizio con qualsiasi optional di porcaggine da lei brevettato o sognato?

– Ho capito cosa vuol dire – disse Baccini, mandando giù due sorsi di fucsia – ma dalle mie parti... non è che pervertiamo molto... insomma, ci piacciono le donne ma non siamo originali... è lei l'esperto, è lei che mi dovrebbe suggerire...

– Ho capito – disse Ascaro dandogli un buffetto paterno –

ne ho visti molti come lei, iniziare timidi e poi scaldarsi man mano che si salivano i piani e finire a farsi fare un pompino da un pitone.

– Oh Dio no – gemette Baccini.

– Era solo un esempio. C'è anche di quello. Ma vediamo un po' cosa offre il menu a un sano maniaco di campagna come lei. Anzitutto io salterei i primi tre piani. Sono normali bordelli, un po' etero un po' omo un po' trans, magari c'è qualche usviglio extralarge, qualche tetta da caricarsi in spalla ma nel complesso siamo sullo standard, strip, spettacolini, pornotelefoni, chiavatine di traverso, tutta roba che passa anche la tivù. Il quarto piano invece è genere Sadomaso, che ne dice? Ci noleggiamo un bel costume Dominator se le piace pestare, o un bel costume Esclave se le piace prenderle, abbiamo delle macchine legatrici, impacchettatrici, degli ambaradan da godimento che uno esce fuori come se fosse passato in una mietitrebbia, abbiamo delle ragazzone e dei ragazzoni cattivi, ma cattivi...

– No, non è il mio genere e poi soffro di cervicale.

– Quinto piano allora: tutto mini, baby, lolita, amorino, pedé, giovanette dai dieci in su che il su sarebbe poi sedici, thailandesine, brasilianini e anche la bella varesotta e il bel sicilianino se le interessa, non si scandalizzi c'è un assistente sociale ogni dieci ragazzi, sono tutti consenzienti e disinfettati...

– Per carità: ho una figlia di quindici anni.

– La poteva portare che a quella ci pensavo io... Scherzo, non faccia quel muso, cowboy, sa cosa le propongo? Il sesto piano, l'occhio caldo, voyeur, peeping tom, guardoni... vedo che le lampeggia la pupilla...

– Beh insomma... non è mica male guardare, se sono delle belle coppie... inoltre è anche sano... guardando non si prendono le malattie no? – rise pigolando Baccini.

La mano di Ascaro calò entusiasticamente sulla coscia di Baccini facendola squillare. – Così mi piaci, cowboy – disse l'omone. Si alzò dalla poltrona rincalzandosi le braghe e sistemando nel contempo l'orientamento del membro. Poi chiamò la geisha, e ordinò deciso:

– Sesto piano, carina.

La geisha sorrise, infilò la tessera nel lettore magnetico e l'ascensore si aprì con un accordo melodioso. Era un normale ascensore metallico, con Mozart di sottofondo. Unico particolare anomalo, un distributore di fazzolettini di carta.

– Ce n'è di quelli che si sbrodolano solo a pensarci – spiegò Ascaro serio serio. – Siamo arrivati.

L'ascensore si aprì e ancora una volta Baccini restò deluso. Niente bolgia del piacere, niente balenar di culi e vulve al vento. Il solito corridoio ospedaliero, moquette color panna e una serie di séparé, ognuno controllato da un inserviente ambosesso con tutina di cuoio e sorriso surgelato.

– Mica tanto allegro, però – disse Baccini.

– È la privacy – disse Ascaro – il bello deve ancora venire.

Entrarono nel séparé numero otto. Una stanzetta tonda, con mobile-bar, letto matrimoniale e un tavolino con un videocomputer. Ascaro si sdraiò sul letto, orientò nuovamente e si stipò di mentini.

– E adesso? – disse Baccini.

– Un po' di pazienza, cowboy.

La parete di fronte prese a scorrere e apparve uno spesso cristallo. Dietro c'era un letto tondo illuminato da luci azzurre. Nessun segno di vita. Un serpentario vuoto.

– E adesso? – ribadì Baccini.

– Cristo, cowboy – disse Ascaro. – Quando le tira, non capisce proprio più niente. Guardi le istruzioni scritte sul video alla sua destra.

"Per dare il via all'esibizione vi preghiamo di selezionare l'iniziale dell'operatore erotico che intendete utilizzare per primo. Si ricorda che, per legge, gli operatori erotici non possono essere più di tre..."

Baccini esitò perplesso.

– Scusi, cosa vuole dire "l'iniziale dell'operatore" eccetera?

– Vuol dire che qua al piano sei c'è ampia possibilità di scelta. Che tipo di accoppiamento le piacerebbe vedere?

Baccini stava per dire un uomo e una donna, ma capì che non era una risposta adeguata. Allora, come al solito, disse:

– Mi suggerisca lei.

Ascaro, a braghe sbottonate, si avvicinò al video e ci premette sopra il ditone.

– Ecco come si fa: mettiamo il caso che lei voglia vedere un accoppiamento tra due operatori erotici, uno X e l'altro una mucca, dato che queste creature le sono così care. Allora io premo la lettera emme e cerco sull'elenco: ecco qua Mandrake, moraccia, muscoloso, mangiamerda, maestra di scuola, maxitetta, metodista, morfinomane, Mata Hari, mormone, morta, moschettiere, moscovita, motuleso, mozambicano, mugnaia, maresciallo, MUCCA... voilà, se adesso premessi, selezionerei la sua beniamina tettuta. E poi si sceglie l'altro partner. Trecentomila possibilità combinatorie. Mica male, eh?

    – Cioè io premo e...

    – E la sua mucca si accoppierà con chi vuole lei.

    – Ma io di mucche ne vedo già abbastanza...

    – E allora faccia lavorare la fantasia: che ne so io, due negre lesbiche? Due negre e un nano? Due nani e una nazista tedesca? Due nazisti e una giovane ebrea?

    – Per favore...

    – Stia tranquillo, per la maggior parte sono attori, regolarmente stipendiati dal governo, con assistenza medica e psicologica. Non faccia il timido. Frughi nel granaio dei desideri più segreti...

    – Beh, la donna potrebbe essere... – iniziò timido Baccini.

    – Dica, dica...

    – Una pastorella... una giovane pastorella.

    – Che sconvolgente fantasia – disse Ascaro roteando gli occhi. – Va bene, ecco qua la lettera pi, partigiano, partoriente, *pastorella*, trovata, premuto, e adesso cerchi lei sull'altro schermo, lui chi è? Chi si tromba la bella pastorella? Non mi dica il lupo per favore.

    – Per la verità – arrossì Baccini – mi ricordo una scena che vidi da piccolo, in campagna... lei era la pastorella e lui...

    – Si lanci, Baccini.

    – Lui era il postino.

    – Alla buon'ora. Su, metta il ditino sullo schermo. Ce la fa da solo o la devo aiutare?

Baccini scosse la testa, tirò fuori la lingua per la concentrazione, fece scorrere i nomi sullo schermo ed eseguì. Dopo un attimo di suspense, il serpentario si illuminò, si udirono le note di una giga campestre e apparve la pastorella, discinta ma non troppo, con zoccoli, cestino delle uova e corpetto un po' slacciato. Si sedette, e vieppiù si slacciò, simulando temperatura estiva.

    – Le piace, Baccini? – chiese Ascaro benevolmente.

    – Sì, ma cosa c'entrano le uova? Non mi risulta che le pecore...

    – Zitto e guardi.

La pastorella si stirò languidamente, mostrò le calze bianche autoreggenti tipiche delle pornopastorelle, si mise un dito in bocca, gesto assai comune nelle valli montane, e improvvisamente la sua attenzione venne attratta dal cestino delle uova. Ne prese in mano uno e lo accostò all'orecchio, come se sentisse qualche rumore. Lo scosse, con delicatezza.

– E cosa fa, la frittata adesso? – disse Ascaro un po' perplesso. Ed ecco che l'uovo si ruppe e ne uscì un pulcinetto giallo pigolante, che subito la pastorella si mise a carezzare e riparò al caldo nel capace seno. Quindi proseguì a ciancicare e spipirigare e spettinare il piccolo gallinaceo con sempre maggior trasporto iniziando a mugolare, e usandolo anche come piumino da cipria sul collo e in altri punti convessi e concavi.

– Però – disse Baccini mentre la pastorella con i seni scoperti massaggiava il neonato – chissà cosa succederà dopo.

– Dopo un cazzo Baccini! – disse Ascaro. – Lei è un rimbambito. Guardi cosa c'è segnato sullo schermo. Lei non ha premuto la parola *postino*, ha premuto la parola *pulcino*.

– Temo sia andata così – disse Baccini dopo breve controllo.

– Allora si gusti la scena, perché ormai non possiamo più cambiare.

La pastorella ce la mise tutta e anche il pulcino collaborò: quando il poverino fu ridotto a una specie di straccio bagnato, se lo posteggiò nel seno, si esibì in una superflua spaccata e con un inchino poco convinto uscì di scena.

Ascaro trascinò via Baccini lungo il corridoio dei séparé, brontolando qualcosa sulle difficoltà insite nel suo lavoro. Baccini aveva l'aria contrita e si puliva gli occhiali un po' appannati.

– Mi scusi ma qua è tutto così... moderno, strano, dalle mie parti non è che certe cose si vedano tutti i giorni.

Ascaro contemplò Baccini. Se il governo non avesse tanto bisogno di quel latte, pensò, lo rimanderei a quel suo paese. Ma giuro che riuscirò a fargli fare qualcosa di cui si vergognerà tutta la vita, o non sono più notturniere patentato.

Andarono a bere un altro fucsia su un terrazzo pensile, da cui si godeva il panorama della capitale, sfolgorante di luci. Serpenti di macchine si snodavano qua e là. I funghi atomici delle industrie salivano lenti al cielo. Da qualche piano del Palazzo giungevano urla e musica.

– E ora che si fa? – disse Baccini un po' ubriaco.

– Ci sono ancora tre piani da vedere. Il settimo è quello dei tre regni, ci si può accoppiare con tutto il mondo vegetale e animale, dal cocomero al cammello. Ma ne abbiamo avuto abbastanza col pulcino. Poi c'è un settore pornomeccanico, sex-slot machine, turbovibratori, bambole e bambolotti. L'ottavo piano è molto frequentato, è quello Sangue e Schizzi. Ci sono filmati... forti ecco, scene di guerra con stupri veri o quasi veri, e anche omicidi in diretta e un porno show con uccisione simulata... forse.

– Sta scherzando, vero?

– Certo che sto scherzando, cowboy – disse Ascaro con un sorriso beffardo. – Le consiglio l'ultimo piano. Il piano virtuale. Là è permesso tutto.

– Tutto tutto?

– Tutto. Ci sono le tute sensoriali, le V-SEX, i pornopigiami, le macchine da sesso ipervirtuale. Possono simulare qualsiasi estasi erotica, potrà avere qualsiasi creatura in qualsiasi modo, potrà inventare la situazione più proibita: uccidere, stuprare, caramellare, divorare, e sarà più vero del vero.

– Ne ho sentito parlare. Andiamo – disse Baccini, con una luce nuova negli occhi. Salirono all'ultimo piano. Ascaro ghignava soddisfatto. Finiva sempre così. A quel piano, dentro la tuta sensoriale, credendosi al riparo da ogni sguardo, tutti rivelavano le loro perversioni nascoste. Non immaginavano che ciò che avveniva dentro quella tuta veniva controllato, registrato, schedato. Non erano più i tempi delle prime tute erotiche. Questi ultimi modelli governativi erano un vero prodigio. Ci sei cascato, cowboy. Finirai protagonista di una bella videocassetta. Venderai il tuo latte gratis, o poco ci mancherà.

Il nono piano aveva l'aspetto più funereo di tutti. Sembrava un reparto di rianimazione. C'era una lunga corsia centrale e sui letti la gente stava ingessata dentro le tute sensoriali, collegate da tentacoli e tubi a computer di tutte le dimensioni, tecnici in camice bianco controllavano le reazioni e gli eventuali eccessi. Su un letto qualcuno tremava e gridava parole oscene. Un tecnico abbassò l'audio.

– Questo è il reparto, per così dire, dei mutuati – disse Ascaro attraversando la corsia. – Le aziende governative regalano una giornata di V-SEX agli impiegati come premio di produzione, o al posto delle ferie. Ma per lei c'è la camera singola.

Il notturniere sembrava di casa lì: parlò sottovoce col caposala, e risero complici. Poi Baccini venne accompagnato in una cameretta bianca e linda, con tanto di ficus e acqua minerale sul comodino. Fu spogliato con delicatezza da due infermiere-conigliette, spalmato di crema fredda e infilato nella tuta. Sul comodino stava il casco, un mostruoso cranio verminoso di fili.

– Ora amico mio – disse Ascaro – lei resterà solo con l'operatore virtuale Sei. È un uomo legato al segreto professionale, come un prete o uno psichiatra. Del resto neanche lui saprà cosa succederà nel suo cervellino e nel suo pistolino una volta che lei avrà indossato il casco. Deve solo scegliere il suo partner nell'avventura. Ci sono modelle, modelli, attori famosi, attrici famose, personaggi storici. Può scoparsi anche Mosè, se vuole. Inoltre col commutatore grafico possiamo ricreare persone che lei ha conosciuto o conosce. La donna dei suoi sogni, che sia esistita oppure no, può essere ricostruita con un identikit, oppure se lei avesse ad esempio una foto...

– Ce l'ho – disse Baccini, arrossendo.

– Perfetto – disse l'operatore Sei – vuole darmela?

– Sì ma... cosa succederà dopo?

– Dopo – spiegò Sei – inserirò la foto nel commutatore virtuale. La persona della foto le apparirà come se fosse viva e vicina. Dialogherà con lei attraverso la voce di un'operatrice-attrice. Lei dovrà solo dare degli ordini verbali: avvicinati, guardami, spogliati.

– Eccetera eccetera – ghignò Ascaro.

– E lei mi assicura che posso fare *tutto*?

– Certamente – disse Sei – trattandosi di realtà virtuale non ci sono problemi se lei... insomma, deteriora il partner virtuale o lo sottopone a extra-prestazioni. Grazie alla ramificazione sensoriale della tuta avvertirà tutti i piaceri del contatto fisico col partner, con l'ambiente e con gli oggetti desiderati. Ripeto: basta che lei dia gli ordini. Tutto resterà all'interno della tuta e nessuno saprà mai nulla.

– Non è l'ideale? – disse Ascaro, scambiando uno sguardo d'intesa con l'operatore. – Il suo giardino segreto è pronto ad accoglierla, cowboy.

– Va bene – disse Baccini. Le mani gli tremavano mentre metteva mano al portafoglio – allora vorrei... entrare nella realtà virtuale insieme a questa persona.

Porse la foto. Vi compariva una donna grassa, seduta su una panchina, età circa cinquant'anni, le gambe tozze dentro un paio di calze di lana.

Una baldracca di infima qualità, pensò Ascaro, ecco qua i raffinati gusti del nostro Baccini.

La foto entrò nel sistema del computer, il sagomatore virtuale iniziò a lavorare. Ascaro si avvicinò a Baccini, reggendo il casco con le mani, come fosse un elmo da cavaliere.

– Emozionato?

– Sì – disse Baccini – stavolta sì.

– Bene. Si ricorderà di questo mio regalo quando dovrà trattare l'affare, domattina?

– Sì, sì. Ma mi dica. Davvero nessuno mi vede, qui dentro?

– Nessuno la vede. Proprio come nei sogni. Sogni d'oro, cowboy.

Il casco ingoiò la testa di Baccini. Ascaro si spostò al banco di controllo. L'operatore Sei aveva già avviato registrazione e schedatura con Permesso Speciale Governativo. Due monitor rivelavano la situazione sensoriale di Baccini. Era emozionatissimo.

– Pulsazioni a centoquaranta e adrenalina alle stelle. Però nessuna erezione. Il suo amico è proprio innamorato – rise l'operatore Sei.

– Dove devo guardare? – chiese Ascaro.

– Nello schermo grande davanti a lei. Lì è riprodotto esattamente ciò che sta vedendo il suo uomo in questo momento. Ora è tutto bianco, ma sto dando inizio alla recita virtuale.

Una donna grassa apparve sullo schermo. Era identica a quella della foto. La qualità dell'immagine era eccezionale, molto superiore a quella che Ascaro aveva visto solo pochi mesi prima.

– Ciao Armando – disse l'operatrice-attrice Ventuno – ti piace la mia voce? È somigliante?

– Un po' più dolce – disse Baccini – e poi non hai l'accento del nostro paese.

Ventuno, una signorina occhialuta con aria professionale, consultò rapidamente i dati anagrafici di Baccini, e commutò rapidamente la voce.

– Così va meglio, Armando?

– Va benissimo – sospirò Baccini – non sai che voglia di vederti avevo.

– Adesso – disse la donna grassa, ingrandendosi nello schermo – devi chiedermi un paesaggio, un posto dove possa avvenire il nostro incontro.

– Un prato – disse Baccini – un bel prato. E noi due sdraiati.

Lo schermo si riempì di verde. Lontano un filare di alberi. La sensazione dell'erba bagnata, passando attraverso i centoventi gangli della tuta, fece rabbrividire Baccini. L'inalatore gli sparò all'improvviso odore di fieno. Baccini starnutì.

– Che bello – disse.

– E adesso cosa devo fare? – disse la donna grassa.

– Avvicinati – disse Baccini.

La donna si mosse piano in avanti, riempiendo quasi tutto lo schermo.

– Cosa posso fare per te, tesoro?

– Voglio posarti la testa in grembo.

– Va bene. Mi siedo qui.

Lo schermo ora mostrava la donna sorridente inquadrata dal basso, la soggettiva di Baccini, l'operatore aggiunse anche un bel cielo azzurro e fece passare due nuvole, lentamente.

– Fantastico – commentò Ascaro.

Il cuore di Baccini batteva forte. La sua testa sentiva il morbido del grembo della donna e il suo respiro vicinissimo.

– E adesso? – disse la donna, chinandosi su Baccini.

– Adesso – sospirò Baccini – raccontami la storia delle tre mele d'oro, mamma.

Ascaro bestemmiò. L'operatore scosse la testa e si mise in gran fretta a cercare nel computer la voce "favole". L'operatrice teneva le mani sul viso, le scappava da ridere.

– Ti passo il testo sullo schermo due – disse Sei a Ventuno.

– C'era una volta un imperatore – iniziò a leggere Ventuno – che aveva tre bellissime figlie...

Sullo schermo, la donna grassa raccontava tranquillamente. Ascaro fumava, torvo. Il cuore di Baccini ora batteva calmo.

In alto, nel cielo, passò uno stormo di anatre, compreso nel prezzo.

18

CHE TEMPO FA?

L'uomo nel letto a baldacchino si svegliò. L'aroma del caffè, portato come ogni mattina dal maggiordomo, l'aveva guidato fuori dai sogni. Si stirò, guardò le tende delle finestre ermeticamente chiuse e disse:

– Giuseppe, che tempo fa oggi?

Il maggiordomo si inchinò rispettoso.

– Signore, mi consenta di ricordarle che spetta a lei decidere che tempo fa oggi.

– Ah già – disse l'uomo, con un gesto di fastidio – talora dimentico le mie tante responsabilità di governo. Beh, direi che oggi... c'è un bel sole.

– Provvedo subito a comunicarlo alla stampa, signore. Vuole che apra le tende?

– No, forse dormirò ancora un po'. E dopo... andrò a giocare a golf.

– Non si scordi allora l'ombr...

– Cosa non devo scordarmi, Giuseppe?

– Il cappello, signore. Il sole picchia – disse il maggiordomo, e uscì dopo un secondo inchino.

19.

ERASMO, IL VENDITORE DEL COSMO

Ragazzi, è dura la vita del mercante spaziale! Se non ci credete, ascoltate l'ultima che mi è capitata. Avevo tra le mani l'affare della mia vita: cinquecentomila metri quadri d'ombra da vendere a Bleton, un piccolo pianeta della federazione saturnina. Bleton è grande un decimo della Terra, ed è piatto che più piatto non si può. Il monte principale, il Bletberg, è alto sei metri e dodici centimetri, e sopra ci hanno messo uno skilift e tutte le antenne televisive del paese. I poveri bletoniani se la passano male perché non hanno un metro d'ombra: niente alberi, né grotte, né pensiline d'autobus. E non hanno il sole, ne hanno undici che picchiano dalla mattina alla mattina, per cui su Bleton si vive implacabilmente assolati. L'unico sollievo è una creatura chiamata Oye-Oye, dotata di due enormi orecchie che, spalancate, danno un po' di riparo. Ma gli Oye-Oye appartengono tutti alla famiglia reale che detiene il novantasei per cento dell'ombra del pianeta.

Un mese fa, finalmente, scoppia la rivoluzione, e i bletoniani incazzati rovesciano la monarchia. Il neopresidente lancia subito una proposta: compriamo ombra dagli altri pianeti. Mi lancio nell'affare, bruciando la concorrenza. In meno di tre giorni trovo cinquecentomila metri quadrati d'ombra. Compro a metà prezzo mille tende usate dell'esercito di Umruik e sessanta alberi-cappuccio di Andromeda, dove per un po' di droga ti vendono un vulcano intero. E poi, un colpo geniale. Conoscete Regnluvian, il pianeta zuppo, quel gomitolo di nuvole e fulmini che s'incontra sull'astrorotta per Urano? Beh, lì pioveva da un miliardo di anni, e ognuno viveva col suo bell'ombrello piantato in testa, era un'operazione che ti facevano alla nascita perché potessi avere le mani libere. Vengo a sapere che sta per passare di là la cometa Mistinguette, quella che ha segato in due Paskynda e ha polverizzato l'Asia Gioviana. La cometa sibila vicino a Regnluvian a novemila all'ora, dà uno sberlone gravitazionale al pianeta e gli cambia i connotati: moto di rotazione, rivoluzione, eccetera. E soprattutto lo sposta nell'orbita del quarto sole uraniano.

Il primo risultato è il cambiamento del clima: niente più temporali e nascita di otto stagioni temperate. Secondo piacevole risultato: due milioni di regnluviani si schiodano l'ombrello dalla testa, e chi piomba all'istante sul posto? Il vostro Erasmo, venditore del cosmo, che acquista l'intero stock ombrellifero in cambio di due tonnellate di crema solare. Capito il colpo? Ci spediamo due cosmofax di opzione e carico tutta la merce su un astrocargo, destinazione Bletonia, dove mi pagheranno in smeraldi grezzi, che là si pestano per strada. Parola di Leproni Erasmo, stavolta divento ricco.

Ma qui comincia il bello. Dopo tre giorni di viaggio sulla rotta degli asteroidi, roba da vomitare le trippe, arrivo allo spazioporto di Bletonia, e già mi sento in tasca una granita di smeraldi. Ho un appuntamento alla sala Vip, e ho pronti il mio sorriso più suadente e un bel contratto da firmare. Ma in quel momento mi rendo conto di uno spiacevole particolare: e cioè che non so com'è fatto un bletoniano. Circola un sacco di gente, in quello spazioporto: terrestri, seleniti, andromediani, budriani, monaci di Sha-Naga, maragli di Torbaka e ghergheri di Ghergheron, tutta roba che conosco, ma niente che possa sembrare un dannato bletoniano.

La situazione è seria: mica posso chiedere a un bletoniano come sono fatti i bletoniani, perché allora saprei già com'è fatto un bletoniano. E sarebbe imbarazzante far diffondere dall'altoparlante il seguente annuncio: il signor Leproni Erasmo proveniente dalla Terra chiede gentilmente a tutti i bletoniani presenti di alzare una mano, se ce l'hanno.

L'unica cosa da fare, penso, è aspettare che qualcuno di loro si faccia vivo. Perciò mi metto comodo sul divano Vip e ordino un triplo Cosmoball. C'è un barman terrestre che mi scruta e mi chiede se è la prima volta che visito Bleton. Non voglio fargli vedere che sono in difficoltà e rispondo che ci sono già venuto un sacco di volte.

Intanto mi passa davanti di tutto: gelatine, miriapodi, oloturie col borsello, palle cingolate, similmerde, lungoni verdastri, amebe impellicciate, persino una jamreshanter di muassijamre-shanter con una coda di centotrenta metri e duecento figli che gliela reggono. Finché mi spazientisco, richiamo il barman e astutamente gli chiedo:

– Senta, capo, io aspetto una delegazione governativa bletoniana, ma non conosco bene i loro... musi... le facce, i volti, le muste, le ghigne, i grifi, insomma mi aiuti lei, vede qui qualche bletoniano con la faccia di uno del ministero?

Il barman si guarda intorno e poi dice:

– Non saprei, signore, i bletoniani sono molto diversi da noi, forse potrebbe essere quel tale laggiù – e indica in fondo alla sala, dove c'è un gigante neroverdastro che sta telefonando, appoggiato a una cabina.

Aspetto che abbia finito la telefonata e lo saluto con un cenno della mano. Ricambia, e viene verso di me: è due metri di batrace abbronzato, con due zampacce palmate che escono da una giacca di cosmodrillo. Profuma come un'entraîneuse venusiana e tira fuori mezzo metro di lingua ogni volta che pronuncia la esse. Ma non m'impressiono: i clienti devono essere ricchi, mica belli.

– Sono Leproni Erasmo, venditore del cosmo – gli dico – e sono qui per quell'affare dell'ombra.

– Intereshante – dice lui.

– Ho portato tutto: due milioni di ombrelli parasole, cinquanta alberi e duecento tende per i Vip...

– Mi shembra un ottimo affare, shi...

– Allora firmiamo il contrattino?

– Calma, calma. Io shono shpecializzato nel commercio di vermi vivi, ma la faccenda mi interessha. Cosha le sherve? Vuole esshere preshentato a qualche pezzo grossho bletoniano? Oppure – mi shusshurra nell'orecchio, lavandomelo – è merce shporca? Beh, sho io chi shi deve ungere, ma le coshterà un shacco di wau...

– Ma insomma – sbotto – lei è un bletoniano o no?

– Ma che bletoniano! – dice il rospo – io shono un Shoshibe di Shaam. E lei cosh'è, ubriaco, forshe? Mi shta prendendo per il shuck?

Se ne va incazzato. Vorrei fermarlo, spiegargli tutto, ma non posso. È anche lui un venditore della federazione, una lingua lunga (e si vede!). Se lo va a raccontare nel cosmo, la mia reputazione è rovinata per sempre. Erasmo Leproni, il più grande venditore delle galassie, stava per concludere l'affare della sua vita:

ma non sapeva come erano fatti i suoi clienti! Sai le risate, alla Borsa di Betelgeuse!

In quel momento, nella sala, entrano nuovi gruppi di creature. Sei similterrestri proboscidati, un paio di nanetti gialli monopiede e uno stock di locuste in smoking. E adesso a chi mi presento? Rischio un'altra figuraccia. Ma ecco che mi viene un'idea geniale: il mio amico Marulli! Pompeo Marulli ha già combinato affari con i bletoniani, basterà telefonargli sulla Terra e chiedere a lui.

Corro alla cabina telefonica. Tanto per cambiare, la porta non si apre bene, mollo un gran spintone ed eccomi dentro. Dovrò fare in fretta. Purtroppo il telefono ha la tastiera coi numeri bletoniani e tutta una serie di optional che non capisco, ma i telefoni, in fondo, sono uguali in tutto il cosmo, e infatti vedo subito una fessura per la teletessera interspaziale. La infilo dentro, ma il telefono la risputa: la solita storia. Ho fretta, porcowau, gliela rinfilo dentro a forza, quello la risputa ancora, gli tiro un gran cazzotto sulla tastiera e questa volta la prende. Alzo il ricevitore che non si stacca, mi tocca schiodarlo a forza, e poi esamino i tasti: i numeri sono diversi, ma la posizione corrisponde in tutte le galassie, il primo tasto non può essere che l'uno. Lo premo, il telefono emette un bip fortissimo e subito si accende una luce rossa. Tutto il cosmo è paese, anche qui i telefoni si guastano subito. Ma non mi perdo d'animo, gli tiro un altro gran cazzotto e quello sputa fuori una dozzina di gettoni bletoniani bianchi, poi compongo gli undici numeri necessari, accompagnati ogni volta da quel bip lancinante. Sento che dal ricevitore viene un segnale di occupato, un tuut velocissimo; allora riattacco, reinserisco la carta, altro gran cazzotto per farla andar giù, ricompongo il numero, altra lucina rossa, altro cazzotto e finalmente ecco il segnale di libero. Ma è un segnale sempre più debole. Finché, con un rantolo, si spegne.

Dannato telefono, impreco, qualcuno sa dirmi come... Mi volto e capisco di aver sbagliato qualcosa. Intorno a me ci sono otto cabine telefoniche che prima non c'erano.

Beh, ragazzi, nei due giorni di galera mi sono documentato. I bletoniani sono creature organico-robotiche molto delicate, formate da un corpo centrale e da uno scheletro antisolare esterno a forma, ahimè, di cabina telefonica. Quello che ho massacrato era il ministro dell'Industria. Il mio compagno di cella mi ha spiegato che lo avevo più o meno soffocato con la tessera telefonica, gli avevo strappato un braccio, fatto sputare metà dei denti, preso a cazzotti in punti vitali e per finire avevo accecato undici dei suoi sedici occhi. Mi è andata bene: pare che quel ministro fosse in disgrazia. Perciò mi hanno solo sequestrato tutta la merce e appioppato una multa di un milione di wau, pagati sull'unghia. Ma mi hanno assolto dall'accusa di bletocidio colposo. Hanno detto che, in effetti, avrebbero dovuto mandare un interprete in avanscoperta. Ho perso l'affare della mia vita, ma ho salvato la vita per futuri affari. E giuro, ragazzi, mi rifarò presto: sto trattando una partita di caschi per il pianeta delle Piogge Dure e una di gomme americane per i centobocche di Tropezar. Ma stavolta mi faccio mandare le fotografie dei clienti. Bisogna sempre sapere con chi si fanno gli affari.

20.

IL BAGNO

Cos'hanno da cantare le cicale in questa miseria? In questa strada di poche case bianche torturate dal sole, dove scheletri di cani s'aggirano tra fichidindia polverosi? E laggiù il mare sterminato, diviso in due colori dal vento che soffia al largo.

Cos'hanno da cantare le cicale in quest'odore di fogna che ribolle e di fiori moribondi? Cantano che lassù, su quell'aereo che taglia il cielo con la sua scia bianca, lassù tra le nuvole c'è nonna Maria che torna dall'America.

Che fresco fa all'aeroporto, rispetto al caldo preistorico di fuori, e quanta gente c'è ad aspettare nonna Maria.

Sono venuti il figlio Giuseppe e la nipote Cettina, lui vestito di blu, lei rosa marzapane come il giorno della prima comunione, con un grattacielo di gelato in mano, più lecca e meno fa domande. E ci sono soprattutto i fratelli Cinque. Loro in America ci sono stati per molti anni, l'ultima volta perché un fetente li aveva calunniati ed erano dovuti andarsene via, ma ora nel paese il clima è di nuovo sereno, i Cinque sono tornati, più potenti e generosi di prima. E sono lì, ad aspettare nonna Maria, come fosse un'autorità.

Salvatore Cinque, il più giovane, riccioluto e atletico, tiene in mano un mazzo di fiori, grande come non l'ha mai regalato neanche alle ragazze di Brooklyn.

Giovanni Cinque, detto l'Avvocato, alto ed elegante, in completo color zabaione, tiene sotto braccio la moglie Lucia, una madonnona ingioiellata che sorride nervosa agli agenti.

Rosario Cinque, il fratello maggiore, sta seduto a gambe larghe, e in mezzo tiene il bastone come uno scettro. Il volto segnato da tre cicatrici è cupo e spettrale. Non per niente in America lo chiamavano "Bad News Rosario", Rosario Cattive Notizie. Al suo fianco c'è un enorme pacco avvolto in nastri e carta dorata. Cioccolatini per nonna Maria.

Scendono i passeggeri del volo da New York, e nonna Maria è tra i primi, grossa, nera e zoppa, con uno steward che le fa da stampella. Sbuffa e fa un cenno di sollievo vedendo i parenti. Il volto tombale di Cattive Notizie si apre in un sorriso illuminato da sei denti d'oro, e a quel sorriso gli altri fratelli scattano incontro a nonna Maria, e la fanno passare rapidi e silenziosi davanti agli agenti della Dogana. Dopo un minuto nonna Maria è su una limousine blu che corre silenziosa verso il mare.

— Ma che bravi siete stati a venirmi a prendere tutti quanti – dice nonna. – E i fiori, e i cioccolatini. Nemmeno il passaporto mi hanno chiesto...

— Signora Maria – dice Cattive Notizie – lei è una viaggiatrice troppo di riguardo perché le chiedano il passaporto.

— Da queste parti il passaporto semmai lo chiediamo noi a loro – ride Salvatore. Il fratello maggiore lo fulmina con un'occhiata.

— Raccontaci dell'America, nonna – dice Cettina stringendosi a lei.

— E che vi racconto? Sempre mangiare mi hanno fatto, tre giorni di fila. E c'è stata anche una festa in mio onore, con un cantante che cantava canzoni d'amore e me le dedicava. Che vergogna!

— E Giuliano? – chiede Giovanni – Giuliano è stato gentile con lei? – Giuliano Cinque è il quarto fratello, che ormai vive fisso in America.

— Giuliano è un vero gentiluomo – sorride nonna Maria – e mi ha dato un regalo per voi.

La macchina, all'improvviso, svolta a destra nella zona industriale della città e rallenta davanti a un capannone.

— Ma questa non è la strada per il paese – dice Cettina.

— Nonna Maria è stanca – dice il padre – e deve fermarsi un momento.

— E non può riposarsi a casa?

— Stattene zitta.

Fanno uscire dall'auto i cento chili di nonna Maria con ogni precauzione, come fosse d'oro.

– Ma la bambina doveva proprio venire? – dice Salvatore a bassa voce.

– I bambini vanno sempre bene, quando c'è da fare gruppo. Fanno simpatia. Ora però tenetemela fuori dai coglioni – dice Cattive Notizie.

Sono passati pochi minuti. Giuseppe sta parlando con l'autista, un giovane con l'aria da falco. Non si accorge che la figlia è uscita dall'auto e sta strisciando lungo il capannone, verso una finestra. Guarda dentro. E cosa vede? Vede nonna Maria, in mezzo alla stanza, con addosso solo le mutande, il corpaccione rugoso coperto di strisce nere. Attorno, ci sono i fratelli Cinque. Cattive Notizie come al solito sta seduto, gli altri due prendono l'estremità di una delle strisce, strappano con forza, nonna Maria lancia un urlo. È nastro adesivo, pensa Cettina, ma perché in America l'hanno legata così? Poi vede che i fratelli staccano dal nastro delle bustine bianche, sembrano quelle dello zucchero. Cattive Notizie ne assaggia una e dice qualcosa, tutti ridono, compresa nonna Maria che è tutta rossa di vergogna e diventa sempre più rossa ogni volta che le strappano un nastro. Si sente un rumore lacerante e ogni volta la nonna grida per il male e i fratelli raccolgono le bustine bianche. Forse dovrei avvertire papà che fanno male alla nonna, pensa Cettina, però la nonna ride. Che strano gioco è?

Inatteso, violento, uno schiaffo piomba sul viso di Cettina. È suo padre che l'ha scoperta e quasi non riesce a parlare per la rabbia.

– Guai a te, Cettina, se racconti in giro quello che hai visto!

– Ma perché? – piange la bambina. – Non capisco, stanno facendo male a nonna.

Giuseppe si china su di lei, guarda se arriva qualcuno, le asciuga le lacrime.

– Ti ricordi, Cettina, quando in paese è arrivato quel camion dalla città e dentro c'erano le mattonelle da bagno coi fiori, e quei bei lavandini rosa che tu hai detto che veniva voglia di berci dentro? E il cesso, e i rubinetti, ti ricordi quando li hanno scaricati, e tu hai detto: beato chi si può comprare un bagno così.

– Mi ricordo papà: e tu hai detto: beato sì, ma guai se si sa in giro.

– Proprio così. Nonna Maria ti ha sentito, quella volta, e ha voluto farti un regalo. Per questo è andata in America. Ma attenta, è un regalo di cui non dovrai mai parlare con nessuno. Promesso?

– Promesso.

Cos'hanno da cantare le cicale in questa miseria? Tra queste poche case di sale con quattro sedie vuote davanti alla porta, una pelle di coniglio sanguinolenta, un volto alla finestra, il vento che alza la polvere della strada e scopre i ciottoli come vertebre?

Cos'hanno da cantare le cicale? Cantano che nella casa più vecchia e misera del paese, quella con la madonna di plastica alla finestra, proprio lì dentro nonna Maria sta facendo il bagno in una vasca d'oro coi rubinetti d'oro.

La vasca è grande come due vasche normali, una carrozza reale, e i rubinetti brillano imperlati di goccioline. Nonna Maria sta distesa nell'acqua rosea di sali da bagno, un tartarugone immobile e felice, spuntano solo la testa e un piede gonfio con le dita accavallate.

Nel bagno di mattonelle azzurre, vasto come un salone, ci sono due lavandini sormontati da specchi, ognuno incorniciato di lampadine, come quelli dei camerini di Hollywood, o la corona di luce della Madonna. C'è un water bianco lustro, da metterci dentro i fiori, e il bidet con tre getti che laverebbero il culo a un pesce, ci sono asciugamani dappertutto, e accappatoi di diversi colori. Poi ci sono le piante verdi, e un mobile con tutti i prodotti di bellezza italiani e americani. In fondo c'è un angolo ancora da finire, il pavimento è nudo e si vedono monconi di tubi, là ci andrà l'idromassaggio, forse chissà, un altro water, si caga e si fa conversazione. Si muove pesantemente nonna Maria, fa sciabordare l'acqua fuori dalla vasca, contempla il suo regno fatato, chi potrebbe immaginare che in quella casupola c'è quel bagno delle meraviglie? Pochi lo sanno, e non lo diranno.

– Mo' basta – pensa nonna Maria, e tira un cordino che risuona in tutta la casa, il bagno è finito, le cicale applaudono.

Entra Cettina, aiuta nonna Maria a uscire dalla vasca. La nonna la ringrazia con una carezza bagnata.

– Adesso – dice nonna – entra tu nella vasca. Come una principessa. Anzi, neanche una principessa ha un bagno così!

– Grazie, nonna – dice Cettina.

– Perché mi ringrazi?

– Non è un regalo tuo, questo bagno?

– Questo bagno lo ha comprato tuo padre, con i soldi suoi: ricordatelo sempre!

– E ce l'abbiamo solo noi in paese un bagno così?

– Certamente.

– Ma allora perché arrivano quasi ogni giorno quei camion con le piastrelle e i lavandini? Anche oggi ne è arrivato uno dai Provenzano, ho visto che li scaricavano.

Nonna Maria ride e mette un dito sulla bocca di Cettina.

– Si vede che la signora Rosa s'è fatta anche lei un viaggio in America.

Ridono tutte e due: Cettina apre il rubinetto al massimo, e una cascata d'acqua scende rapida, rumorosa, come il mare giù nella grotta, quando sale la marea. Le cicale non si sentono più.

21

INCREDIBILE MA VERO

La signora Judy O'Flannagan di Ballyamosduff (Irlanda), svegliandosi una mattina dell'anno 1964, trovò la casa interamente immersa in una nube purpurea.

Assieme alla sorella Sheena tentò di disperderla con ogni mezzo: sventolando lenzuola, gettando secchi d'acqua e pregando in gaelico. Solo dopo qualche tempo la signora si accorse che sopra la sua abitazione si era posata l'estremità di un arcobaleno di eccezionale grandezza e compattezza. La nube era per l'appunto causata da uno degli anelli iridati.

I pompieri, subito intervenuti, riuscirono a scalare alcuni metri di arcobaleno, ma furono costretti a desistere per via dell'umidità e della scivolosità della parete.

Fortunatamente dopo breve tempo l'arcobaleno sparì, così come era venuto. Non ci fu alcuna conseguenza spiacevole per la casa della signora O'Flannagan, se non che tutte le camicie del marito uscirono leggermente tinte in rosa dal bagno iridato.

Un fenomeno analogo venne registrato all'altra estremità dell'arcobaleno, e precisamente a sei miglia di distanza in località Bailieborough, nella fattoria della signora Edna O'Raferty. L'unica differenza fu che lì l'alone era di colore giallo e che il marito, Paddy O'Raferty, dimostrando poca immaginazione e scarsa conoscenza della meteorologia, non credette alla spiegazione della moglie riguardo alle camicie.

– Per me è stato un maledettissimo calzino che ha perso colore nel bucato – dichiarò alla stampa.

Sul posto si recò un'équipe di scienziati dell'Università di Belfast, le cui conclusioni non sono mai state rese note.

Nell'estate del 1969 il signor Eric Karlsson di Lyby (Svezia) era andato a trovare alcuni parenti in Danimarca. Prima di partire aveva legato la fedele cavalla Linnea con una catena a un palo in mezzo a un prato. Aveva inoltre dato incarico alla moglie Karin di allungare ogni giorno di mezzo metro la catena, in modo che la cavalla avesse la possibilità di ampliare la circonferenza dei suoi passi, e brucare così nuova erba.

Purtroppo il signor Karlsson scomparve nel nulla, dopo esser stato visto in buona e bionda compagnia sul traghetto per Copenhagen. La moglie, non vedendolo tornare, ubbidì ugualmente ai suoi ordini e ogni giorno aumentò la lunghezza della catena di Linnea. Così oggi, dopo venticinque anni, la cavalla ha divorato quasi tutta la vegetazione della Svezia meridionale e gran parte dei prati della Norvegia.

Se il signor Karlsson non dovesse tornare in tempo, anche l'Europa continentale correrà seri rischi, in quanto Linnea è un'ottima nuotatrice.

Il signor Epaminondas Rios di Cali (Colombia) ha trovato due anni fa nel suo orto una patata di trentasei chili, che ha sposato sei mesi dopo.

I pastori Efisio Collu di Maracalagonis (Sardegna) e Willie Cash di Perth (Australia) sono i primi sperimentatori del Progetto Intersheep, nato dalla collaborazione tra il governo italiano, quello australiano e una grande ditta di telesatelliti giapponese.

Nella loro capanna di pastori è stata infatti installata un'antenna parabolica con la quale, comodamente seduti, possono controllare gli ovini tramite video. Collu sorveglia il gregge australiano, Cash sorveglia le pecore sarde. In caso di pericolo, avvertono il collega agli antipodi con un segnale d'allarme intersatellitare. Nel caso assai improbabile che i due sistemi si guastino, i greggi sono sorvegliati anche da una stazione giapponese. Il Progetto Intersheep ha dato finora ottimi risultati, e si prevede un suo imminente impiego su vasta scala.

Il signor Jacques "Jojo" Dubois di Arles (Francia) ha una stranissima peculiarità: è l'unico pescatore al mondo che nei suoi racconti diminuisce lunghezza e peso delle prede. Ad esempio, il mese scorso, dopo aver pescato una carpa di sette chili, ha raccontato agli amici del bar di averne catturata una di quattro chili e mezzo. Il suo incredibile caso è attualmente all'esame della scienza medica.

22

LARA

Ho sempre saputo di essere diversa fin da quando ero giovane. Non chiedetemi perché. Avevo cambiato pelle poche volte, e vivevo tra i coralli della scalomata, centoventi metri sotto il mare.

Già da allora passavo molto tempo in solitudine mentre le mie compagne si rincorrevano scodando, si infilavano nelle tane sfidando i polpi, e mangiavano pesci morti con delicati gesti delle nostre posate naturali, le chele.

Già da allora guardavo in su, verso quel punto misterioso da dove, nelle giornate limpide in cui non c'era burrasca, veniva quella luce, quel colore di un altro pianeta.

Già da allora scrutavo nel fondo, e lanciavo i miei ultrasuoni nell'abisso da dove salivano le mie simili più grandi, i pesci dai grandi occhi allucinati e le piovre sinuose.

E più di tutte invidiavo la balena, il grande corpo scuro che poteva precipitare giù, fino ai duemila metri, scomparendo nel buio gelido, ma anche involarsi verso la luce, passandomi vicino con l'occhio ebbro di profondità, senza vedermi, perché ero troppo piccola per lei, una piccola aragosta rossa, brillante come un corallo, ma con un destino diverso da tutte le altre. Il mio nome è Lara.

Già da allora sapevo fare qualcosa in più delle mie compagne. Il radar delle mie antenne era più potente del loro, captavo tutti i rumori del mare e potevo riprodurli con facilità, sapevo simulare il canto della balena e la risata del delfino, riuscivo a imitare il sibilo minaccioso che emette la piovra nuotando a propulsione, e a volte con quel sibilo spaventavo le mie compagne, arrivando da lontano. Ma non usavo queste mie capacità per dare spettacolo. Non era un gioco, faceva parte della mia curiosità per il mondo così vasto, e tutto da scoprire. Non mi bastava il mondo di mezzo, la zona delle rocce coralline e delle attinie, dei lenti banchi di paraghi e delle migrazioni dei tonni. Mi piaceva esplorare, su e giù, i misteri della luce e del profondo.

Andavo spesso verso il lato più oscuro del mare, scendevo lungo la parete della scalamata finché la pressione non mi stringeva la corazza in una morsa, finché sentivo tutte le cartilagini scricchiolare e gemere. (Forse è un rumore che avete già sentito, se avete bollito qualcuna di noi.)

Nuotavo verso il buio e incontravo pesci che non avevo mai visto, soli o a branchi, nubi di gamberi e sciami di calamari. Vidi il Pelacadon luminoso passarmi davanti come un riflesso di sole, inseguito da una forma oscura, alata, forse una manta, e dietro passò qualcosa di ancora più grosso, facendo rombare l'acqua e le mie antenne, perché questa è la prima regola del mare:

Nessuno è tanto grande da non incontrare un giorno qualcuno più grande di lui.

Oh, io ero piccola. Non più di venti centimetri, e non avevo neanche le chele robuste dell'astice, quel prepotente verdastro sempre pronto ad azzuffarsi con noi e mutilarci. Non sapevo neanche mimetizzarmi come la cicala preistorica, non mi nascondevo nella sabbia, come la rana pescatrice, non avevo per difendermi il nero della seppia né i denti della murena, o i tentacoli della piovra. Avevo la corazza, ma ero un ben misero guerriero. Necrofago, mangiatore di carne morta. E per mia sfortuna, ero anche carne pregiata.

Una volta scesi fino a quattrocento metri e incontrai le aragoste bianche. Ne avevo sentito parlare ma non le avevo mai viste. Erano molto grandi, cinque o sei volte più di me, e si muovevano come spettri. Alcune erano trasparenti e potevo vedere la linfa scorrere nelle zampe, nelle antenne, fino agli occhi. Danzavano (questo mi era già stato raccontato), nuotavano in tondo con lenti battiti di coda, seguendo un percorso che scendeva a spirale. Ascoltavano la musica della corrente, la corrente fredda dei calamari che attraversa le acque tiepide in quel punto, quasi un mare dentro un altro mare.

Compresi subito il motivo di quella danza: proprio al centro del girotondo c'era un'aragosta bianca più grande di tutte. Non batteva più la coda, agitava solo un poco le zampe, a pancia in su: stava morendo, e le altre la accompagnavano verso il fondo. La grande moribonda scendeva piano, roteava, si lasciava andare: niente mi sembrò più desiderabile di quella caduta angelica. Ma mentre risalivo, capii che, nello stesso modo, desideravo la luce sopra di me, l'ascesa vertiginosa, verso un altro mistero.

Quando tornai, le compagne risero di me. Il freddo aveva coperto la mia corazza di una patina scura, le mie antenne vibravano. Mi chiesero se avessi visto il kraken lungo come sette navi, o l'astice-lupo che taglia in due le aragoste, una metà la divora e l'altra la possiede, o se avessi trovato un bel cadavere di marinaio da mangiare. Facci l'imitazione del verso del Celacadonte, disse una. Non mi curai di loro.

Avevo cambiato carapace altre dieci volte, quando infine ebbi dal destino il segno che aspettavo. Mentre osservavo i perfidi agguati di una rana pescatrice nascosta nella sabbia, scorsi sospesa nell'acqua un'immensa rete. Oh, non era la prima volta. Avevo visto spesso le mie sciocche amiche precipitarsi sui pesci catturati dalle maglie, avevo voltato la testa quando le avevo viste dibattersi prigioniere, scuotersi in un'inutile lotta, farsi divorare vive dalle pulci di mare e penzolare impiccate alle pareti di corda. Ma quella rete era diversa: dietro di essa, per la prima volta, mi apparve un uomo. Era tutto nero, con lunghe pinne. Sapevo che quello non era il suo aspetto naturale, ma un travestimento per entrare nel nostro regno. Eppure non sembrava tanto diverso dalle creature del mare. Dietro di sé lasciava una bellissima scia di perle d'aria, alcune piccole e frenetiche, altre grosse, come meduse, che volavano verso l'alto.

Imparai subito a imitare il loro rumore, il loro scoppio leggero. Capii subito che cosa interessava l'uomo. Cercava il corallo, il nostro villaggio-albero, la casa dove milioni di piccoli animali vivono insieme. C'era un bosco di corallo, che conoscevo bene, su una roccia circolare bucata da tane di cernie. C'erano voluti anni e anni perché quel bosco fosse costruito. Ora l'uomo ne staccava i rami, e li metteva in una piccola rete. Stava orizzontale sul fondo, nella stessa posizione dei pesci, muovendo lentamente le pinne, e lavorava tranquillo. Tra me e lui c'era la rete. Così non mi spaventai quando mi vide. Forse senza la rete sarei scappata, o forse no. Ma la rete c'era, ed era un ostacolo anche per lui.

Mi avvicinai, tanto da potergli vedere gli occhi, dietro la parete trasparente della sua corazza. Mi guardò a sua volta, e con la mano fece un goffo tentativo di passare attraverso le maglie per catturarmi. Pensai che sarebbe stato comico se fosse rimasto impigliato anche lui nella rete come una sciocca aragosta, avrei partecipato anch'io al banchetto, non ho mai mangiato un umano, ma in fondo è carne, nient'altro, e dopo un poco frolla e puzza come tutto.

Desistette presto dal suo tentativo, e si rimise a lavorare. Poi assunse una posizione diversa, pinne in basso e testa in alto, e risalì verso la luce. Io lo seguii, andava veloce ma riuscii a raggiungerlo. Mi accorsi che mi guardava stupito. Poi la rete che ci separava finì, c'erano solo delle lunghe corde tra noi, ma l'uomo non fece più nessun tentativo per catturarmi, capii che aveva fretta di risalire, che il mare in quel momento gli faceva paura. Improvvisamente si fermò, aggrappato a una corda che veniva dall'alto, dove si vedeva chiaramente la pancia bianca di una barca. Si fermò come istupidito.

Si tolse dalla schiena la macchina che lo faceva respirare e fare bolle, e dall'alto gliene calarono un'altra. Ora stava fermo, e respirava calmo. Forse non voleva tornare più su, si trovava bene lì. Mi misi a girargli attorno. Pensavo che avremmo potuto fare amicizia. In fondo eravamo in una zona intermedia, là dove non c'è più il buio profondo e la luce non è ancora accecante, dove passa la corrente tiepida, dove giocano i delfini. Così provai con le antenne a sentire la consistenza di una delle sue pinne. Lui mi guardava e sembrava interessato ai miei movimenti. Gli vidi in mano una lastra nera, su cui tracciò dei segni. La legò a una corda, tirò e la lastra nera salì verso la luce. Ora aspettava qualcosa. Dall'alto scese un oggetto oblungo. Proprio all'ultimo momento vidi che aveva in cima un arpione, un dente a tre punte. Intuii il pericolo e scappai. L'arpione mi sibilò vicino con tutta la sua cattiveria e terminò la sua corsa con una capriola violenta.

Non era facile fare amicizia con l'uomo, i delfini me l'avevano detto, eppure avevo voluto provare. Ma quel giorno avevo anche capito che il mio destino mi portava su, verso il mondo della luce.

E il destino si compì, dieci cambi di corazza dopo. Ormai ero un'aragosta grossa e rispettata, avevo già avuto trecentomila figli, anche se forse solo due o tre erano riusciti a diventare adulti. Ero così esperta e veloce da sfuggire a qualsiasi piovra, a volte zigzagavo spudoratamente attraverso i tentacoli protesi. Non temevo neanche le risse con gli astici. Non poteva durare: troppa sicurezza non è un buon modo per sopravvivere, in mare.

Così un giorno, mentre nuotavo pigramente all'indietro, sentii vicina la presenza ostile della rete. Il mio sistema radar me ne aveva già fatte evitare tante, e quella rete aveva le maglie molto larghe: volli provare il brivido di passarci in mezzo. Ci riuscii. Ma dietro la prima rete c'era una seconda rete più sottile. Ebbi solo un breve attimo di panico, mi dibattei, storpiandomi la chela. Poi mi calmai. Appesa, imprigionata, attesi il mio destino. Non dovetti aspettare molto. Mi fu risparmiata la tortura di essere mordicchiata dalle pulci di mare. La rete iniziò a muoversi. Vidi che saliva verso levante, e che la pancia bianca della barca si stava avvicinando. Quando fu proprio sopra, la rete iniziò a salire più in fretta. Non fu piacevole. Anche se le aragoste possono sopportare grandi sbalzi di pressione, la paura di quella ascesa verso la luce bianca mi torceva la corazza, mi riempiva il cuore, che non ho.

Salii ancora, intontita. Sbattei contro la parete della barca. La luce mi accecò, persi i sensi. Poi sentii un tentacolo che delicatamente mi liberava dalla rete. *E VIDI.* Vidi il vostro mondo, o una parte del vostro mondo, vidi i pesci agonizzare tutto intorno con la vescica natatoria esplosa. Vidi quattro o cinque umani, vidi come erano veramente, non somigliavano a nessuna creatura marina: forse nel volto, alla testuggine. Mi misero in un'acqua fetida dentro una scatola buia, assieme ad altre quattro o cinque compagne, e tutte gridavano, piangevano, facevano domande assurde del tipo: e ora che ne sarà di noi? Sul fondo della vasca, ingrugnito, c'era un astice. Aveva le chele legate, gliele avevano legate gli uomini, perché non ci facesse male, perché non rovinasse le nostre carni delicate. Mi insultò. Gli pisciai in faccia.

Ora vorrei provare a dirvi dove mi trovo. In un "frigorifero", questa è la parola, se ho ben capito. Sono dunque ancora viva, anche se un po' stordita e congelata. Mi hanno cambiato posto tante volte, ho vissuto un mese in un posto che chiamano vasca di mantenimento, insieme ad altre duecento colleghe, a qualche astice ammanettato e a una cernia mascotte.

Poi un giorno sono stata "comprata". Il capo della pescheria, un uomo che ci chiama "le mie ballerine", è entrato insieme a un altro uomo, uno che parlava da importante (la voce, negli umani, segna le gerarchie). Ci hanno guardate tutte, una per una, e poi hanno scelto me e un'altra che chiamiamo la Grassa. Ci hanno sbattuto insieme in una busta di plastica una sopra l'altra, con la Grassa che non stava mai ferma e piangeva e mi chiedeva se per pietà la uccidevo perché non voleva soffrire. Grassa e tragica. Poi l'uomo mi ha portato nella sua casa e siamo state divise, in questo frigorifero. La Grassa, che stava tirando gli ultimi, l'hanno messa sopra, in un reparto da dove viene un vento gelido. Io sono stata messa in uno scatolone di vetro, insieme a una salma di branzino da tre chili. Mi ci son sdraiata sopra, era un lettone gelido e un po' umido. E ho aspettato.

Quella sera hanno preso la Grassa, e io ho spento il radar, perché non mi andava di sentire tutte le sue lamentele e le volontà testamentarie prima di morire. Ho riacceso le antenne solo un attimo. Mi ha comunicato che, bontà loro, gli umani ti fanno morire nel tuo elemento: l'acqua. Poi ho sentito distintamente il messaggio: "aiuto, che caldo". Poi basta: addio alla Grassa. Ho dormito tutta la notte, mentre il frigorifero ronzava e ogni tanto si apriva e un uomo sudato tirava fuori acqua e liquidi di vari colori. A un certo punto mi ha anche guardato. Stavo immobile, sospettosa. Allora mi ha tirato per un'antenna. Mi sono mossa. Ha detto, meno male è ancora viva. Che buon cuore. Capisco tutto quello che dicono ormai, ogni suono e vibrazione, ascolto ogni loro discorso.

Bene, stasera il mio destino si compie. Mi hanno preso, mi hanno legato e ora il padrone di casa mi porta verso la camera della morte, mi tiene davanti a sé a braccia protese, come una vittima sacrificale. Ed ecco in fondo la pentola fatale, il fumo che esce, e quattro persone che lanciano gridolini di finto orrore, oh dio poverina, sento dire, una donna fa finta di non voler guardare ma sbircia, un'altra sghignazza, sembra deriderla, un uomo fa la faccia seria per sottolineare che lui non è un sadico, ma purtroppo questa è la legge della natura; il quarto invece è rosso, eccitato e si vede che la scena gli piace. Ecco che il boia mi tiene sopra la pentola. Sento un gran caldo, un altro gridolino di donna e il boia ha un momento di esitazione, sa che mi deve ficcare dentro in un colpo, se no con una codata lo ustiono. Si prepara a uccidermi, trattiene il respiro, anche tutti gli altri lo trattengono, il sole si ferma in cielo e le onde si fermano nel mare, capisco che quell'attimo di silenzio cosmico è ciò che aspettavo. Alzo un'antenna, come un dito puntato verso il suo viso e imitando la voce umana, con uno scricchiolante falsetto gli dico:

– Ma lei, ci crede nella reincarnazione?

E adesso fatti loro. Io, da questo momento, non parlerò più, vengano pure gli scienziati e le televisioni di tutto il mondo. Se ho capito la parola.

23

LA VERGINE DEL MOSCATO

Come quando dalla calca cittadina sgomitante e rumorosa troviamo scampo nell'atrio antico di un palazzo, e da lì nel quieto raccoglimento di un museo, mentre in lontananza sfumano gli ultimi clacson e le ultime urla. E ci avviciniamo a un quadro, un paesaggio, un volto, e l'anima nostra, immergendosi in quella silenziosa bellezza, si placa e dimentica ciò che prima l'aveva ferita, ed è come chiuder dietro di noi la porta d'un romitaggio, come lasciare un pianeta per un altro. Così noi, lasciato l'ingorgo sull'autostrada, le code per un caffè annacquato, i vapori di benzina, le lapidazioni dai cavalcavia, la prepotenza tonitruante degli autosnodati e il rumore fastidioso dell'elicottero sopra le nostre teste, superato il casello di uscita, dopo un breve volgere di curve, già cavalcavamo una strada pedemontana che divideva a destra un'ondulata campagna qua e là cosparsa di pittoreschi paeselli, a sinistra verdi e boscosi monti i quali, rimontando il capriccioso corso del fiume Nevo, tra castelli arroccati e monasteri sovrastanti rupi scoscese, sempre più rendevano erto e tortuoso il nostro cammino, e più limpida l'aria.

Così ci allontanammo dal nostro mondo precedente verso il silenzio e la solitudine, verso il tempo senza tempo di antichissimi borghi.

Grazie alla preziosa guida di Tersite, che anni prima aveva lavorato in quei luoghi come venditore rateale di libri, subito imboccammo un piccolo ponte che attraversava un verde bacino scintillante d'acqua, e gradatamente ci addentrammo in una verde e amena valle percorsa dal Nevolo, immissario a regime torrentizio del Nevo.

Una pace ombrosa ci accolse. Unico rumore, il tonfo di qualche pigna sul tettuccio dell'auto. Il sole, sbucando tra le cime dei sempreverdi, dardeggiava improvviso sul parabrezza, rivelandone così il sudiciume urbano.

– Laviamolo – disse Tersite con improvvisa decisione. Così ci fermammo in un apposito spazio erboso dove avevamo alle spalle una balza irta di castagni, dalla cui cima precipitava un torrentello invisibile e birbante, un nipote Nevolino che giocava a nascondersi, ma di cui si accorsero subito le nostre scarpe, essendo il terreno intorno abbondantemente fangoso.

Davanti a noi, una policroma scacchiera di coltivi in geometrico reticolo di cavedagne si stendeva fino al fiume, oltre al quale, con improvvisa vertiginosa ascesa, si ergeva in cima a un leviatano di roccia la nostra meta: San Crispino, borgo medievale, scrigno di tesori d'arte inestimabili.

– Bisogna convenire – disse Tersite pisciando con garbo su una felce ondeggiante – che solo nel nostro paese si possono incontrare simili paesaggi a così breve distanza dalla città.

– Già – convenne sua moglie Clorinda – pensate, da qui in mezz'ora si arriva agli impianti di risalita del Greccio, in una cornice di boschi intatti e piste innevate. Oppure ugualmente in mezz'ora si può scendere verso il mare e là, tra dune punteggiate di odorosi rosmarini e ginestre selvagge, ci appariranno le attrezzature balneari di Pavoncello ove, oltre a bagni e talassoterapie, è possibile fare uno shopping che nulla ha da invidiare a quello delle grandi città.

– Però – la interruppe mia moglie Fellavia – queste cose appartengono alla routine della vacanza, al déjà-vu turistico. Mentre del tutto singolare è qui la concentrazione, unica al mondo, di torri merlate, vestigia romane, cripte con scelti ossari, acropoli volsce e abbazie gotico-cistercensi. Pensate che non vi è qui muro, stanza o chiesa che non contenga almeno un'opera del Goccioli, del Tornasacco, del Pennarecchio o del Tornelli, e dulcis in fundo la meta della nostra visita, la Vergine del Moscato.

– A tal proposito – dissi io – vorrei ricordare che in pochi chilometri quadrati sono qui concentrati alcuni dei migliori prodotti gastronomici regionali e nazionali, voglio dire: funghi, tartufi, carciofi, uve, insaccati, la salsiccia passita di Mongerlo e gli amaretti di Gualdino, la mollicata di Naldi e il Vin Giudìo di Ponziano, per non dire del Sangioseppe, quel piatto di testina di bue che deve il suo nome...

Sgorgò una risata collettiva. Oh, certo quel nostro scimmiottare il linguaggio delle guide turistiche aveva il sapore di un gaio divertimento culturale, ma era anche espressione di un infantile senso di libertà, del sollievo di trovarci lontani dalle brutture e dalle lotte intestine del nostro paese, a contatto della sua storia e della sua arte, immersi in una bellezza alla quale, ahimè, la maggior parte della gente era ormai insensibile, persa nelle ipnosi mediatiche.

– Guai a chi comprerà un solo giornale! – era stata la parola d'ordine. E tutti avevamo obbedito.

– Se penso – disse Tersite, continuando a irrorare la felce, poiché era fioco di prostata – a quanti spendono milioni per visitare templi esotici e paesaggi tropicali senza sapere che a un'ora, dico un'ora da casa loro, fioriscono bellezze che tutto il mondo ci invidia...

– La fontana, la fontana – trillò all'improvviso Clorinda, lanciandosi come una baccante in un viottolo che si perdeva nel buio del bosco.

La seguimmo ansanti, poiché il viottolo era fangoso e pieno di buche: infatti ben presto trovammo Clorinda, distesa a terra. Nel tentativo di valicare un rivolo che le sbarrava il cammino, aveva mal calcolato il balzo ed era scivolata miseramente nella fanghiglia. Ma non si lamentava, anche se il suo cardigano d'angora era uscito assai intriso da quell'avventura.

Avanzammo, respirando a pieni polmoni. Intorno a noi occhieggiavano ciclamini e alchechengi, e sopra la nostra testa un gigantesco fagiano frullò perdendosi nel bosco.

– *Un fagiano, un fagiano*, ci comunicammo, gridando l'uno all'altro eccitati, *un fagiano, un fagiano*, e non ci importava del fatto che, esprimendo tutti il medesimo entusiasmo per il medesimo avvistamento, fosse del tutto superfluo insistere segnalando al vicino l'orbita di uscita del pennuto, *un fagiano, un fagiano*, ma la gioia dataci da quell'avvenimento inusuale fece sì che per un intero minuto proferissimo ad alta voce *un fagiano, un fagiano*, in un crescendo di ecolalìa, finché non fummo certi di aver tutti adeguatamente partecipato a quell'avventura.

Pochi minuti dopo avvistammo la fontana. Era un'ampia vasca di pietra, con torretta rubinettata, al centro di una radura. Stava lì come un umido altare, incorniciata di festoni di edera e ombrata in alto da un voltone di fiori gialli piovoso di petali dorati. Dal cannello usciva un getto fioco, simile a quello dianzi prodotto da Tersite. Nell'acqua della vasca, che emanava un forte odore muschiato, galleggiavano diverse vespe e macaoni, e oltre ai petali, foglie di varia grandezza in un mélange di liquido e fradicio che avrebbe incantato un Monet o un Bachelard, un potage stagnante e fascinoso quale si vede in certi quadri preraffaelliti, e dal quale non ci saremmo stupiti di veder affiorare, bellissimo e pallido, il cadavere di Ofelia.

O luogo propizio a incontri amorosi tra satiri e amadriadi, stavo per declamare, quando mi accorsi della presenza sull'erba di numerosi oggetti oblunghi e gommosi di cui non si trova traccia nei testi greci, oggetti graditi più a Saturno progenicida che a Eros fecondatore. Mentre notavo che mia moglie ne trascinava inconsapevole uno infilato nel tacco, Tersite pose un problema su cui tutti concentrammo la nostra attenzione.

Appariva infatti impossibile, a prima vista, dissetarci o attingere acqua dalla cannella: poiché la torretta era incastonata nella roccia a strapiombo, ed era separata da noi dall'ampiezza della vasca, la cui acqua non era evidentemente potabile. Il fiotto, inoltre, era così debole che neanche sporgendoci col busto sulla vasca potevamo riceverlo sulle labbra.

Ma Tersite, che era un uomo caparbio, avvezzo a vender enciclopedie a monosillabici, salì sul bordo della vasca, e sorretto da me, cercò di protendersi sull'acqua, quale polena di nave o trampolino olimpionico, e lo fece con tanto slancio che sfuggì alla mia presa e si trovò con le mani aggrappate alla torretta della fontana, e i piedi sul lato opposto della vasca, in posizione inarcata di pontile.

Orbene, da ciò conseguì una posizione da cui, teoreticamente e praticamente, era assai difficile uscire. Se infatti Tersite avesse mollato le mani, sarebbe sprofondato nella vasca dal lato della testa, se mollava i piedi, sarebbe finito dentro con la parte inferiore. Tentammo allora un geniale stratagemma: prendemmo un grosso ramo, reggendolo io da una parte e le consorti dall'altra. Lo passammo sotto la pancia di Tersite, e iniziammo con grande fatica a sollevarlo, sperando di riportarlo gradualmente in posizione eretta sul bordo della vasca. Ma ahimè, il ramo cedette con uno schianto sinistro, ed avemmo la nostra Ofelia.

Niente paura, poco dopo tutto era dimenticato. La nostra auto entrò trionfalmente in San Crispino attraverso l'Arco degli

Alabardieri, e si inerpicò nella stradina cincentesca che porta alla piazza delle Chiese Coeve. Vi si fronteggiano infatti la chiesa di San Crispino Piagato, famosa per la cripta e il ciborio, e quella di Santa Zenobia Decollata, nostro obiettivo primario, con gli affreschi del Tornasacco, svariati crocefissi su tavola e soprattutto la Vergine del Moscato.

Salimmo, affrontando uno stretto tornante dal cui lato esterno potevamo scorgere, per chilometri e chilometri, le ondulate colline. Tutto preso dal panorama non mi accorsi che la strada diveniva ancor più angusta, e vi si affacciava un negozio di souvenir che esponeva all'esterno alabarde, mazze chiodate, e soprattutto una colossale armatura ispirata a quella del condottiero Benozzo di Bonconto, capitano di ventura celebre per vittorie stupri e mutilazioni, cui San Crispino aveva dato i natali. Il nostro fanale destro, scontrandosi con la ginocchiera dell'armatura, ne provocò il totale smembramento e il crollo, ed essendo la strada in forte discesa, i pezzi iniziarono a rotolare fragorosamente: uno in particolare, l'elmo con visiera, scavalcò il parapetto e lo sentimmo schiantarsi cento metri più sotto sopra qualcosa di duro, che scoprimmo poi essere il tettuccio dell'unico scuolabus in dotazione ai piccini del paese, fortunatamente vuoto.

Anche se nessuno uscì sdegnato da porte, né si sporse furioso da finestre, io mi fermai. Ma Tersite mi fece notare che le necessarie spiegazioni e i problemi annessi ci avrebbero guastato tutta la giornata. Era infatti difficile stabilire se la responsabilità del sinistro era della mia guida avventata o dell'enfasi pubblicitaria del souvenirista, che aveva messo a repentaglio in mezzo alla strada una delle sue migliori armature.

Ripartimmo quindi con colpevole fretta, voltandoci indietro col timore di essere inseguiti: ma il paese sembrava deserto, e così giungemmo, senza altri incidenti, nella piazzetta dei nostri sogni.

Le due chiese ci accolsero rivaleggiando in grazia austera, quasi a contendersi l'onore della prima visita. In fondo alla piazza appariva l'ondulato boscoso scorcio panoramico della valle, quasi un quadro dipinto in aria, nella cornice di due muri e del ramo ricurvo di un noce. Dall'altro lato (mi sembra ce ne fossero quattro) notammo il ristorante Fagiano, recante ad insegna una testa di fagiano maschio sormontata da elmo di archibugiere, nel becco un menù in caratteri gotici.

Restammo lì, indecisi tra tante bellezze. Tersite propose, come prima cosa, di andare a mangiare le lasagnette alle regaglie di lepre, poi visitare la cripta, poi fare un giro per il paese a cercare un giornale sportivo (secondo lui non compreso nel patto) e, come ultima cosa, visitare la Vergine del Moscato.

Io proposi invece di cercare anzitutto un distributore di benzina in quanto eravamo a secco, dopodiché avremmo potuto visitare la cripta, quindi la Vergine e concludere la giornata davanti a un piatto di ovoli, finferli e fanfaricchi.

Clorinda propose invece di andare subito a vedere la Vergine del Moscato, poi eventualmente la cripta, poi una insalatina di rucola, poi benzina e shopping.

Mia moglie propose il seguente programma:

a) cenobio;
b) resti del castello diruto dei conti di Pescosenego (in questo si mostrò più preparata di noi);
c) Vergine, preceduta o seguita dal pasto;
d) eventuali ottani.

Prevalse la tesi di mia moglie, non senza qualche mugugno di Tersite che pativa grandemente la mancanza del giornale sportivo, definito da lui "necessaria dose quotidiana di disimpegno".

Ci avviammo quindi verso la chiesa di San Crispino Piagato. Qui trovammo un portone chiuso e nessuna traccia di orario, né altra indicazione. Bussammo invano. Ma Clorinda scoprì, dietro l'angolo a est, un cancelletto aperto su un giardino di alte erbacce, da cui, secondo lei, era possibile entrare nel chiostro e chiedere ai bravi monaci il perché di quella inattesa chiusura, dato che la guida segnalava:

"Visita consentita tutti i giorni dell'anno".

Entrammo con facilità, pur avendo io la malaccortezza di scostare un cespuglio d'ortica con le mani, e ci trovammo di fronte una nuova porta, vetustissima e chiusissima.

A questo punto Tersite diede i primi segni di impazienza, percuotendo con forza il battente e, malgrado la nostra riprovazione, esprimendo ad alta voce e con parole sgarbate il suo diritto turistico di accedere al cenobio. Fu interrotto da un ringhio alle sue spalle.

Attraverso l'erba alta, sbucato da chissà quale anfratto o caverna sotterranea, avanzò il cane più grosso, feroce e asociale che avessimo mai visto. Era a metà tra un lupo e un cinghiale, con una cresta irsuta, zanne considerevoli e, anche a una distanza di dieci metri, emanante un odore spaventoso. Ringhiava con tale sollecitudine, che fu chiaro a tutti che ci trovavamo in presenza del guardiano del giardino. Non potevamo fuggire, poiché la belva sbarrava la via verso il cancelletto, e quindi tentammo i più semplici e collaudati esperimenti di pacificazione.

Clorinda disse ad esempio:

"Bello cagnone lui, bello cagnone nero..."

Ma la paura e la menzogna nella sua voce erano così palesi che il cane, per nulla convinto, aumentò il volume delle minacce, e avanzò ancora.

Tersite, da vero guerriero, si avvicinò a un albero e cercò di svellere un ramo per farne spada, o clava, ma l'albero non era affatto disposto a cedere pezzi. Il cane seguì i suoi sforzi con attenzione e poi avanzò deciso verso di lui, preceduto da quel terribile odore.

Tersite indietreggiò, schiacciando la moglie contro il muro. Allora io ricordai di avere dei biscotti nello zainetto, e glieli lanciai, come monete d'oro, un metro davanti al muso. Il cane li annusò e sembrò immensamente offeso, anzi quel tentativo di corruzione gli fece salire il sangue alla testa, arricciò il labbro mettendo in mostra ulteriori canini e mentre Tersite gridava con sorprendente codardia un'intera novena di "Aiuto", si apprestava a balzare, quando una voce tranquilla risuonò:

– Buono, Polpetta.

L'orrenda creatura si fermò.

Ci apparve allora un omino calvo con un grembiule da cucina; prese Polpetta per la collottola e con gesto eloquente ci fece capire che, se uscivamo in fretta, il cane, eccezionalmente, non ci avrebbe divorati. Il che facemmo.

Quando Polpetta fu rinchiuso, l'omino, che si qualificò come gestore del Fagiano, ci comunicò il grave rischio corso entrando nel regno di Polpetta, che era effettivamente il cane da guardia del ristoratore, e ciò spiegava la sua mole, l'odore (era ghiotto di cipolla) e la ripulsa dei biscottini.

In quanto alla chiesa, ci spiegò, era chiusa perché in un paese a fondovalle c'era un'esibizione di karaoko con ripresa televisiva, e tutta la popolazione di San Crispino, laici e religiosi, si era colà trasferita. Parimenti, nel volgere di tre drammatici minuti, ci comunicò che il distributore di benzina era chiuso, e così l'edicola, e così i negozi di souvenir e così anche il ristorante (e altri non ve n'erano) poiché egli stesso era in procinto di recarsi al karaoko con la sua prole.

– Non ci può dare neanche un panino al prosciutto? – chiese timidamente Clorinda. L'uomo scosse la testa. Tersite a questo punto iniziò con lui un'animata discussione, a cui partecipò dal giardino anche Polpetta. Volarono parole grosse e altissimi latrati. Alla fine i due entrarono decisi nel ristorante. Temevamo un duello, ma poco dopo Tersite uscì vivo e trionfante con una pagnotta e un salame, e l'omino se ne andò senza salutarci.

– L'ho messo a posto io, quel villico – disse Tersite. – Li conosco bene quelli di queste parti. Ignoranti come zucche, e voglia di lavorare zero...

– Calma, calma – disse Clorinda sottraendogli con abilità il salame – cosa facciamo adesso?

– Niente paura – disse Tersite – il buzzurro mi ha detto che la chiesa della Vergine del Moscato è aperta, in quanto il vecchio parroco è sordo, ed è l'unico che resterà in paese. Basterà bussare forte.

Bussammo forte e forte urlammo. E ogni volta l'ira di Tersite aumentava. Mia moglie fece presente che forse potevamo ripiegare sulle rovine del castello Pescosenego, ma Tersite le urlò che era venuto per vedere la Madonna, non delle pietracce piene di ortiche, e se un vecchio prete rincoglionito a capo di una parrocchia di deficienti credeva di fare i cazzi suoi continuando a dormire dopo che lui aveva fatto duecento chilometri senza neanche un giornale sportivo per visitare quel paese di merda, ebbene si sbagliava, e ciò detto si mise a lanciare pietre contro il portone.

Capii in quel momento che qualcosa si stava forse incrinando nel rapporto tra noi e il paesaggio e forse anche tra noi e la tradizione artistica del nostro paese, quando per fortuna la porta si aprì e ne uscì una blatta gobba in abito talare. Tersite cercò brevemente di comunicare con lei, poi le infilò bruscamente diecimila lire in mano, la scostò e ci fece cenno di entrare. La blatta sparì. Appena fummo entrati nella chiesa il nostro rapporto con la storia e la tradizione magicamente si ricompose. Clorinda ripose educatamente nella borsetta il salamino dimezzato. Tersite, anche se non del tutto placato, si sedette su un panchetto, togliendosi spighe dai calzini. Mia moglie, impugnata la guida, prese a indicarci con gesti decisi le bellezze circostanti.

"Notasi nel transetto sinistro il sepolcro del vescovo Ughino, e sopra l'ammirevole affresco del martirio, opera del Tornasacco, in cui si vede la santa Zenobia fustigata con l'ortica, mentre nell'attigua cappella è conservato il crocefisso ligneo del Tornelli. Attraversando poi il pavimento cosmatesco, incontreremo nella prima cappella a destra i ritratti dei quattro profeti maggiori, di scuola gozzoliana e nella seconda cappella, a fianco dell'altare che racchiude una teca con ricciolo della Santa, possiamo ammirare la famosa Vergine del Moscato, capolavoro del Sottanino, scultore singolarissimo operante eccetera.

"Prodigioso intarsio di pietre diverse, la Madonna, di gusto orientaleggiante, è celebre soprattutto per l'audace originalissimo grappolo d'uva moscato, lavorato in piccoli globi di lapislazzulo donati alla Chiesa, pare, dal condottiero Buonconto (quello dell'armatura) a riparazione della sua vita scellerata.

"Il grappolo è sostenuto davanti al volto del Bambino dalla mano sinistra della Madonna, mediante un sottilissimo picciolo, un filo di lapislazzulo. Ciò è possibile grazie a un accurato studio dei pesi e degli equilibri. Il grappolo infatti posa parzialmente sulla mano destra del Divin Fanciullo, protesa nel gesto di staccare un chicco, gesto artisticamente sublime, ma prezioso anche dal punto di vista strutturale, in quanto fa sì che non tutto il peso del grappolo gravi sul sottile picciolo.

"L'opera è quindi apprezzata sia per la bellezza sia per la raffinata tecnica scultorea del Sottanino che d'altronde fu anche orafo eccetera, e ancor oggi non sappiamo se ci incanta di più la grazia giocosa della Madonna, che dondola il grappolo davanti al volto del Figlio, o l'infantile gesto di golosità del Bambino, o il mistero di come, nel corso dei secoli, il grappolo abbia potuto resistere appeso a quel filo sottile."

Alla fine della lettura, ci guardammo commossi. Attraverso le vetrate il sole faceva brillare gli acini di lapislazzulo di un colore così intenso, così vivo, che veniva voglia di toccarli, e se una poderosa inferriata non ci avesse separato dalla scultura, avremmo dovuto reprimere la tentazione.

Stavo per comunicare questo pensiero a mia moglie, quando la vidi impallidire e indicare qualcosa alle mie spalle. Udii un cigolio, mi voltai e vidi Tersite che si arrampicava sull'inferriata.

– Cosa fai, pazzo, fermati! – gridò Clorinda.

– Tutti a vedere il karaoko, eh? – sbuffò Tersite con una gamba già mezza di là – Bravi bravi, lasciate pure i nostri tesori artistici in mano ai vandali, e nessuno che li controlla, solo un vecchio parroco rincoglionito...

– Tersite – gridò mia moglie – cosa vuoi fare?

Tersite senza rispondere piombò pesantemente all'interno della cappella, e mi guardò con una luce folle negli occhi. Allora mi tornò in mente un episodio delle vacanze, quando Tersite con una martellata aveva decapitato una roccia a forma di testa d'aquila che da duemila anni ornava una scogliera isolana.

Fermati, volevo dirgli, ma era troppo tardi.

Con un pugno ben assestato staccò il grappolo, e dopo secoli di acquolina il Bambin Gesù se lo vide sfilare davanti, protendendo la manina in un'ultima disperata richiesta, mentre Tersite aveva già infilato la preda nello zaino e di nuovo scavalcava l'inferriata.

– Ti prego, amore – disse Clorinda con voce rotta dal pianto – rimettilo al suo posto.

– Ci hanno lasciato senza cibo, senza benzina, senza giornali – disse cupo Tersite – hanno abbandonato i nostri tesori d'arte per andare a vedere il karaoko, sono cittadini indegni, questo sarà più al sicuro a casa nostra. E poi ormai è fatta, mica posso rincollarlo.

Dico la verità: nessuno si oppose davvero. Anzi, mia moglie chiese subito se poteva toccare il grappolo. No, dopo, disse Tersite, precipitandosi fuori.

E così ripartimmo: la benzina finì quasi subito, rotolammo a motore spento per i tornanti deserti, in lontananza udivamo il vociare della riunione karaokista, noi tutti tacevamo. Il cielo divenne scuro, iniziarono a cadere grosse gocce di pioggia, la campagna che prima era verde e brillante ci parve diventar nera, ogni muro e chiesa e vestigia e acropoli sembrava gridare al sacrilegio, le ossa di San Crispino crepitavano nella tomba, il bambino Gesù piangeva disperato, da un momento all'altro attendevamo che il cielo si squarciasse e Dio in persona scendesse a riprendersi il dessert del Figlio.

Nulla di questo avvenne.

Il grappolo d'uva, lievemente ridipinto, si trova attualmente nella villa al mare di Tersite, su un mobile-bar, e se qualcuno chiede da dove provenga, risponde di averlo comprato a un mercatino di Parigi. Clorinda conserva in un cassetto un ritaglio di giornale con il titolo "Ignoti vandali", eccetera.

Io e mia moglie non parlammo più dell'episodio, in quanto mi pareva che il ricordo la angosciasse profondamente. Finché una volta mi scappò detto: il nostro amico Tersite, a volte, si comporta come un pazzo.

– Sarà – rispose lei con una certa durezza – ma almeno lui ha iniziativa.

Da allora studio il patrimonio delle piccole chiese dell'Umbria. Spero di farle un bel regalo, prima o poi.

24.

IL SONDAR

– Il nostro è un lavoro duro ma quanto mai affascinante – disse il direttore del giornale al giovane giornalista neoassunto.

Il direttore del giornale fumava una sigaretta americana sulla poltrona girevole tedesca e teneva sulla lucidissima scrivania svedese due lustrissime scarpe inglesi che riflesse sembravano quattro scarpe inglesi.

Il neogiornalista era seduto rigido con aria umile, e teneva i piedi avvitati l'uno all'altro, cosicché sembrava che avesse una sola scarpa inglese.

– Il suo curriculum è buono, ma un diploma con lode alla scuola di giornalismo governativo non basta, dovrà farsi le ossa, impegnarsi duramente e imparare dai veterani. Sa quante difficoltà incontrerà, ragazzo mio?

Il direttore del giornale corrugò la fronte come chi sta per dire qualcosa di importante, il neoassunto spalancò gli occhi come chi si appresta a udire qualcosa di importante.

– Vede, tre cose la dovranno guidare nel suo lavoro presso di noi. *La prima* è la sua coscienza professionale e di cittadino.

Nel dire questo il direttore alzò un dito solenne, il giovane aspirante chinò la testa reverente.

– *La seconda*, naturalmente, *è il mio magistero*.

Il direttore guardò fisso negli occhi il giovane giornalista, il quale restò indeciso se distogliere rispettosamente lo sguardo o virilmente sostenerlo, e nel dubbio intrecciò i bulbi oculari fino a raggiungere lo strabismo tipico dei gatti detti siamesi.

– *La terza cosa*, la può vedere sulla scrivania di ogni giornalista e anche sulla mia, è il Sondar SCE, ovvero Sondaggio Continuato di Efficienza.

Il direttore indicò lo schermo nero, rotondeggiante, ritto su uno stelo di metallo, che come un enorme girasole incombeva sulle loro teste. Il giovane giornalista lo osservò timoroso.

– Il suo funzionamento è semplice: poiché negli anni passati ci sono state molte, troppe polemiche sulla scarsa obiettività dell'informazione, e su pregiudiziali atteggiamenti "anti" o "filo" governativi, il governo ha deciso di affidare la questione a un arbitro imparziale. Il Sondar, appunto.

Il direttore attese un cenno di assenso dal giovane giornalista. Dopo pochi secondi, la testa del giovane giornalista si mosse su e giù indicando assenso.

– Mentre lei lavora, giovanotto, l'istituto governativo di sondaggi segnala al Sondar, in ogni momento della giornata, il suo indice di gradimento presso i lettori. Dopo ogni articolo, verrà fatto subito un sondaggio. Finché lei manterrà alta la sua quota di popolarità, farà parte del nostro giornale. Quando essa si abbasserà, verrà licenziato. Ricordi bene: *il Sondar non perdona*!

Il direttore guardò il giovane giornalista per vedere se si era spaventato. Il giovane giornalista si era spaventato.

– Naturalmente, io stesso sono sottoposto al controllo del Sondar. Questo garantisce la democraticità del nostro giornale: siamo tutti sottoposti al giudizio popolare e questo è infinitamente meglio delle cosiddette libere opinioni. Ma il Sondar non la deve paralizzare, giovane collega! È evidente che se io sono arrivato così in alto, è perché conosco bene le regole del Sondar, so conciliare l'imparzialità delle notizie e la libertà della redazione. Io la guiderò, la consiglierò, la avvertirò quando lei rischierà di far arrabbiare il Sondar. Io sarò al tempo stesso il suo direttore e il suo garante. È chiaro? Ci sono domande?

– Sì – disse il giovane giornalista – cos'è quella luce rossa che si è accesa sul Sondar?

Il direttore sapeva che cosa significava la luce rossa. Il giovane giornalista no.

Una voce femminile proveniente dal Sondar disse con ferma dolcezza:

– Signor direttore, ci dispiace informarla che nell'ultimo sondaggio odierno lei è sceso al ventunesimo posto della classifica di popolarità nazionale. Ciò non le consente di proseguire nel suo incarico. Ha tre minuti di tempo per raccogliere le sue cose. La ringraziamo del lavoro svolto e le formuliamo i nostri migliori auguri.

Il Sondar sputò una busta gialla. Il direttore raccolse rapidamente un paio di stilografiche, un'agenda, una foto della moglie, un revolver, un cagnolino di porcellana e per ultima la busta.

– È la mia liquidazione – disse con voce appena un po' alterata e uscì dalla stanza.

La luce rossa del Sondar si spense. Il giovane giornalista rimase solo per una ventina di secondi, dopodiché la porta si aprì ed entrò il nuovo direttore.

– Il nostro è un lavoro duro ma quanto mai affascinante – disse il direttore del giornale al giovane giornalista neoassunto.

25

CACCIA AL FAGIANO

La grande bara nera è in viaggio verso la piccola operosa annoiata città del Nord. Ha attraversato un'autostrada contornata da mostri, grandi astrofabbriche roventi, ossari di macchine morte, getti di vapore denso che sale al cielo in ovatte nucleari.

Ha percorso la tangenziale tra Pornomotel, Polimarket, Bigdiscount, Paradisi del mobile e Versailles del lampadario, macropizzerie e discoteche da dodicimila anime. Ora, passando sotto un arco antico intralicciato e impacchettato, imbocca una stradina di elegante pavé, dove il traffico è consentito solo ai residenti, ma la grande bara appartiene appunto a un residente, è un fuoristrada alto e molleggiato come un carro funebre, nerolucido, argentocromo e fiamme rosse sulla fiancata. Dietro i vetri cilestrini, galleggiano due creature: una Sfinge bionda con occhiali neri, il volto di madonna reclino su un cellulare, e un Colonnello con giaccone di cuoio, sguardo da pole-position, capelli lucenti di gel, come appena uscito dalla piscina.

La superbara, ronzando col motore tremila al minimo, entra in una piazzetta bianca, adorna di colonnine finto qualchecento. Sfila davanti al teatro della città, un gioiellino color mascarpone, settanta serate all'anno di cui la metà dedicate a telecomici e pirandelli. Più avanti c'è la pasticceria famosa per i Cazzi del Vescovo (dolce locale di antica tradizione), che ha ai lati una raffinata boutique e un nazional-pulloverario appartenenti allo stesso proprietario ma con diversi target. Davanti a loro si profila la meta, il pianobar, ritrovo notturno prediletto dagli abbienti locali. Si chiama Exploit, l'insegna è un corsivo di neon incorniciato di rose, un portone blindato segnala la preziosità della clientela. Nella piazzetta sono posteggiate altre due superbare, una Gialla, dorata, da funerale di Cleopatra, con adesivi di carburatori, l'altra Verde smeraldo con tracce di fango e poltiglia vegetale che testimoniano la sua attitudine a percorsi guerreschi. Ci sono poi varie supermoto, inclinate sui cavalletti, insettoni con batterie di occhi bianchi e gialli, ruote obese, antenne cromate. E c'è, proprio in mezzo, una bicicletta rosa, mascotte tra i mostri, con due borsine in tinta da cui sbucano in bella vista i quotidiani preferiti dai frequentatori del pianobar, e cioè un foglio locale di fede vandeana e un grande quotidiano regimista, appartenenti allo stesso proprietario ma con diverso target.

La Sfinge scende, scuotendo la chioma bionda: è alta, magra, guainata in una gibaud di cuoio che valorizza le lunghe gambe in collant indaco-cianotico. Ai polsi fibrillano ori in quantità, al collo pende una bulla contenente diazepine.

Il Colonnello ha una mazzetta di braccialettini al polso e un lizardo aureo sul giaccone. Cammina scricchiolando, per via dei pantaloni di cuoio molto aderenti e rigonfi sull'inguine per suggerire esubero di contenuto, sia esso mutanda a sospensorio, vero cazzo umano o succedaneo truffaldino quale calzino arrotolato.

Il Colonnello si passa la mano tra i capelli, ritirandola unta di gel, si gratta il mento, mescola gel e dopobarba in giusta dose e pulisce il tutto all'interno di una tasca foderata alla bisogna. Afferra un avambraccio della Sfinge, acciocché entrando nel pianobar sia chiaro che è roba sua. La Sfinge lo trascina procedendo altera con abile derapata dei tacchi sull'acciottolato. Suonano un campanello bitonale e il portone magico si apre, occupato per intero da un Carnera borchiato e deferente.

Musica, voci, odor di alcol, sughi e profumi. Il loro tavolo è in fondo, oltre il bancone curvilineo d'alabastro e la pedana di Vittorio uomorchestra. Li salutano le bariste in gilè e tette lampadate, li salutano il barman Nando e il gestore Michel e poi Vittorio che mixa le sue tastiere cibernetiche nel successo del momento.

Sorvolano, senza togliersi gli occhiali neri, tavoli con coppie e quartetti. Ai loro saluti gaiamente rispondono altre sfingi e altri colonnelli abbandonati sui divanetti. È un mondo dolce e spietato, rolex e gel, mousse e chela, il duro dell'oro e il molle delle spezie, il seducente contrasto che Antonio incontrò alla corte egizia.

Eccoli al loro tavolo, ove sono attesi da altre due coppie. La prima comprende un lui enorme con un ettaro di jeans, una cintura borchiata con intero rodeo scolpito, e una giacca color salmone, lo stesso colore del volto paonazzo, venoso, strapazzato dai gintonici, ornato da una *chevelure* formata sul davanti da rari peletti in vacuità caseiforme, sul retro da una coda di cavallo biondo-perossidata.

L'altro corno della coppia è una lei, nera come un tizzone spento, stretta in un body aerobico da cui deborda spavaldo un seno siliconato.

Chiameremo lui (il coda-di-cavallo) il Bufalo, e lei (le tette) la Sintetica.

Poi c'è l'altra coppia, lui coi capelli sale e pepe un po' selvaggetti, camicia blu aperta sul pelame canescente, stivaletti a punta, sorriso annoiato di chi lì dentro e là fuori le ha scopate tutte. Lei, al suo fianco, è funebre, mora, coi capelli fino alla vita, un miliardo di anelli alla destra e una pochette di alligatore da cui estrae ogni tanto un rossettino viola per ricaricare le labbra. Scoscia fiera, mostrando le trine dell'autoreggente, il marito la guarda lievemente censorio, lei scoscia ancora di più e sorride a Vittorio uomorchestra come a dire: ebbene sì, a te certo non la do ma a chi ne è degno sì. Li chiameremo lui il Maliardo, lei la Chiacchierata.

Ecco il Colonnello e la Sfinge. Lui si toglie gli occhiali neri e tasta cameratescamente le palle al Bufalo, il Bufalo gli risponde con alcuni gai fanculi. Lei invece si siede davanti alla Chiacchierata, ne considera con invidia le gambe, poi punta il Maliardo e si toglie di colpo gli occhiali. Ha due occhi azzurri da cane polare, truccati pesante, e neanche una ruga, tutto rimesso a nuovo, cosa credi, cara la mia troia scosciata, non sei la sola a predare nell'universo.

Vittorio uomorchestra cuce basi, incolla ritmi e computerizza un mélange melodioso su cui inserisce una vocetta angelica.

– Che sia frocio? – rileva il Maliardo.

– Certo che è frocio – dice Bufalo, stritolando le patatine – tutti quelli che cantano nei pianobar sono froci, e anche i parrucchieri, i ballerini, i cavallerizzi, gli steward, i pacifisti...

Vittorio canta:

"Forse vuoi un uomo vero
e io son solo un sognatore..."

– Vedi? – ridacchia il Bufalo. È passata l'una, le tre coppie si sono già introdotte vari gintonici e ora crocidano e sparlicchiano, si chiedono perché quella sta ancora con quello e perché quello ancora non s'è sparato. Il Maliardo sbuffa, cerca con lo sguardo inox qualche giovinetta da puntare, ma il massimo del panorama è una cicciottella con un fidanzato capello corto e giacca viola, genere commercialista-skinhead che magari si incazza. La Chiacchierata ammazza di scosci un veterinario sua antica fiamma, che la divora da lontano. Bufalo parla dei comunisti e di come ce n'è ancora tanti, anche se lì dentro hanno bonificato. La Sintetica beve come un vaso di fiori e ripete, però che sera smorta, salutando con la manina Vittorio uomorchestra che in cambio non le dedica un cazzo. Ora il Colonnello e la Sfinge litigano per motivi di chèques, lui si incazza e va a parlare con un suo sosia seduto tre tavoli più in là, pietrificato con un agnolotto appeso alla forchetta.

Vittorio uomorchestra fa pausa. Salgono alti i chiacchiericci, il tintinnare di ori e boccali, le risate spavalde e uno stereo di giovanaglia che bombarda bassi dalla vicina piazza.

– Oh basta, sapete che vi dico? – erompe improvviso il Maliardo – stasera non voglio annoiarmi: propongo un'altra caccia al fagiano.

– Oh no, ti prego – dice la Sintetica – avevamo detto non più di una volta al mese.

– Hai paura eh, vecchia? – ride il Bufalo, strizzandole una tetta nella mano.

– No, ma è rischioso – dice la Sintetica.

– Macché rischioso – protesta il Maliardo, già in calore – ormai siamo degli esperti. Ehi, Antonio!

Il Colonnello Antonio, dal tavolo degli agnolotti ruota il capo come un gufo. Il Maliardo gli mima curve a tutta birra. Il Colonnello si avvicina con l'occhio lustro.

– Stasera?

– Stasera. Però stavolta ci giochiamo dei soldi – dice il Maliardo – un milione per equipaggio e chi vince se li cucca tutti e tre.

– Cosa c'entrano i soldi? – dice la Chiacchierata – si fa per divertimento o cosa?

– E io invece voglio giocare a soldi – dice il Maliardo, togliendole il bicchiere di mano e vuotandolo, già mezzo sbronzo.

– Ci sto – dice il Bufalo – solito sistema?

– Solito – dice la Sfinge, e tira fuori dalla borsetta un piccolo dado. – Chi fa il punto più alto sceglie il terreno di caccia. – Tira il dado e fa due. Il Maliardo fa quattro.

– Troppo facile – ride il Bufalo. Tira, fa uno, e ci aggiunge un porcodio a chiosa.

– Tocca a noi scegliere per primi – dice il Maliardo – prendiamo la stazione.

– Allora noi andiamo alla tangenziale – dice il Colonnello.

– E noi alle case-dormitorio – dice il Bufalo – anche se nessuno ha mai vinto lì, non si becca niente...

– Stavolta magari va meglio – dice la Sintetica benaugurante.

Le tre superbare sono partite contemporaneamente.

La prima ad arrivare alla meta è quella del Colonnello. La tangenziale è semibuia e non si vede anima viva. Solo alcuni autotreni austroungarici assopiti nell'area di parcheggio.

– Niente – dice la Sfinge – forse dobbiamo andare più vicino ai camion.

– Brava, così ci vedono. Dai retta a me. L'ultima volta abbiamo vinto, no?

– Certo, ma sono stata io ad attirare il fagiano, ricordi?

Lui le infila una mano tra le cosce, con un sorrisetto da pornoattore. Tira fuori dal cruscotto un binocolo. Guarda la strada, dove c'è una fila di cartelloni pubblicitari.

– Macché, niente selvaggina – dice. Si accende una sigaretta, si rilassa sul sedile, la superbara a fari spenti è quasi invisibile.

Dall'altro lato della città, dentro la superbara dorata, il Bufalo scuote la coda sconsolato. La viuzza squallida, piena di cassonetti sventrati, è desolatamente vuota.

– Qua non vinceremo mai.

– È questione di fortuna – dice la Sintetica – magari sono tutti a dormire, ma se ne troviamo uno, non ci scappa.

– Vai a mettere l'esca – ordina il Bufalo.

Lei tira fuori dalla borsetta un biglietto da centomila e sta per aprire la portiera.

– Ma che cazzo fai? – dice lui – e chi lo vede un centone con questo buio? Mettici una collana.

– Eh no, ne ho già persa una l'altra volta. Ci metto i soldi. Oppure non ci metto niente che è meglio, l'altra volta non ho dormito due notti.

– I soliti discorsi del cazzo – dice il Bufalo con una smorfia.

– Ma hai mai pensato... che ne so, ai figli?

– Certo. I nostri sono in montagna no? Allora chi se ne frega?

– Sei una bestia – dice lei, ed esce ballonzolando incerta sui tacchi.

Intanto la Chiacchierata sta proprio in mezzo alla strada, alta e nera, si sfila un braccialetto e lo posa sull'asfalto. Dietro a lei, la stazione è appena illuminata, l'ultimo treno parte tra pochi minuti. Il Maliardo le fa segno di spostare il braccialetto sotto la luce del fanale, là dove brillerà. Perfetto, bella, adesso non ci resta che aspettare. La Chiacchierata rientra nell'auto ansimante, si rifà il trucco.

– Niente telefonate dagli altri? – chiede.

– No.

– Allora vinciamo noi. Tra un po' arriva di sicuro qualche fagiano. È l'ultimo treno. Nasconditi bene, qua ci possono notare.

– Non ci vedono – dice sicuro il Maliardo – sono coperto dal cartellone pubblicitario. Ho controllato. Non faccio mai niente a caso.

Squilla il cellulare.

– Cristo, c'hanno fregato – ringhia il Maliardo – pronto?

– Come va? – chiede annoiato il Bufalo – qua neanche l'ombra di un fagiano.

– Non devi telefonare! – dice iroso il Maliardo – conosci le regole. Si telefona solo quando si colpisce. Il cellulare fa rumore e li allarma. E poi sto guardando la strada, sono concentrato.

– Sei quello che ci gode più di tutti eh, Antoniuccio? – trilla in secondo piano la voce della Sintetica.

– Eccone uno – sussurra la Chiacchierata – spegni quel telefono.

– Santo Dio che fagiano – dice lui eccitato – quasi due metri. Ed è anche bello colorato. Guarda che livrea gialla.

– Vinciamo – dice lei – stavolta vinciamo.

– Porca miseria, ce n'è un altro vicino.

– Non lo vedo...

– C'è, c'è, è dietro la panchina. Ha una valigia, sta parlando col primo.

– Che facciamo se sono due? Proviamo ugualmente?

– Sicuro – e il Maliardo stringe forte il volante – smonto la targa e vado lo stesso. Vogliamo vincere o no?

– Aspetta! Se ne va, guarda, l'altro se ne va verso la stazione e il fagiano resta solo sulla panchina.

La Chiacchierata si morde le labbra. Lui sta con la mano pronta sulla chiave dell'accensione.

– L'ha visto – dice lei – ha visto il braccialetto...

– Eccome! Si sta guardando intorno per vedere se è solo. Dài, di cosa hai paura, muoviti testa di cazzo, è un vero braccialetto d'oro dài, vai a prenderlo in mezzo alla strada, becca il mangime, dài...

– Si è avvicinato. Sta per prenderlo – dice piano la Chiacchierata. Il Maliardo mette in moto al minimo. A fari spenti sbuca dietro il cartellone. Il motore della superbara romba piano, come un respiro di leone, la preda è là in mezzo alla strada, china, incredula, esamina il braccialetto, sembra proprio d'oro. All'improvviso sente il rumore dell'accelerata, gli esplodono in faccia quattro fari abbaglianti, resta immobile un momento, fanno tutti così, all'inizio non ci credono. Vede la superbara piombargli addosso, cerca di evitarla. È rapido, ma non basta, viene centrato in pieno a due metri dal marciapiede, vola in aria col suo bel vestito colorato, le collanine, le musicassette, gli accendini, tutto si sparge intorno, continua a rotolare e rimbalzare mentre la superbara è già lontana, verso le luci del centro.

– Preso! – grida trionfante il Maliardo nel cellulare. – Se qualcuno vuole controllare, il fagiano per un po' non si muove di lì!

Sono le tre di notte. Il capitano Feletti della Stradale sbadiglia appoggiato alla Pantera, mentre i suoi ragazzi fanno i disegnini col gesso. Tra le mani ha il documento del fagiano, un passaporto sgualcito. Sul cofano della Volante sono sparpagliati accendini, collane, fazzoletti colorati e un braccialetto d'oro, sicuramente rubato. Il capitano prende un accendino, lo prova, si accende una sigaretta. Parla con la Centrale.

– Si chiamava Yoissoun N'Daye, trent'anni, senegalese... mi controllate se ha il permesso di soggiorno?

– Un altro di quelli? – risponde una voce. – Ma è il terzo in pochi mesi.

– E io cosa ci posso fare? – sbadiglia il capitano.

– Ma insomma è strano... tutti e tre investiti in mezzo alla strada. Prima quella puttana somala sulla tangenziale. Poi il mese scorso, quasi nello stesso punto di stasera, il tunisino.

– Ubriachi – dice il capitano – vengono in città a bere, si ubriacano come bestie e poi si fanno mettere sotto.

– E gli investitori non si fermano mai?

– Tu ti fermeresti? – chiede il capitano.

La radio gracchia. Un telo bianco copre il lungo corpo del fagiano, il caffetano giallo insanguinato. Una mano esce dal telo, magra e scura, l'agente la ricaccia sotto con una pedata. Il capitano vede arrivare un fuoristrada giallo oro con dentro l'architetto Bassani, detto Bufalo, con signora Bufalessa. Si fermano, incuriositi.

– Un incidente? – chiede lui – grave?

– Un extracomunitario. Investito in mezzo alla strada, a tutta velocità. Secco sul colpo.

– E chi è stato?

– E che ne so – dice il capitano – mica si è fermato. Lei si fermerebbe?

– Mamma mia – commenta la Sintetica – com'era alto.

– Non deve essere stato difficile da centrare – dice il Bufalo.

Il capitano lo guarda un attimo perplesso, poi ridacchia anche lui. Gira attorno all'auto gialla con l'aria da intenditore.
– Gran macchine questi fuoristrada. Tremila di cilindrata, vero?

– Sì. L'ha mai provata?

– Mai – dice il capitano. – Mi piacciono, ma sono troppo pericolose. Con quella ripresa, sono come elefanti che caricano. E così silenziose! Neanche si sentono arrivare.

– Eh già – dice roca la Sintetica. Il cuore le batte forte. Ha visto che il capitano ha in mano il braccialetto della Chiacchierata. Neanche si sono ricordati di riprenderlo, quei coglioni.

Il capitano glielo mette sotto il naso.

– Cosa ne dice, è vero secondo lei?

– Mah – balbetta la Sintetica – non saprei... fanno delle imitazioni così perfette che...

– Secondo me è vero – dice il capitano, guardandola fissa negli occhi. – Chissà dove l'ha rubato. Beh, il reato è estinto, amen.

Gira attorno al fuoristrada, passa la mano sulla carrozzeria dorata, su un parafango appena rifatto.

– Ma ditemi – sospira – cosa ci fate tutta notte in giro con queste macchinone?

– Vede – dice il Bufalo – ci si annoia tanto qua. Cerchiamo di divertirci un po'.

– Vi capisco – dice il capitano pensieroso. – Anch'io mi annoio tanto. Una di queste sere, sapete cosa faccio?

I due lo guardano incerti.

– Vengo a fare un giro con voi – sorride il capitano.

La sirena blu dell'ambulanza ruotando colora i loro volti di una luce fredda. Lontano, qualcuno si è messo a gridare.

26

IL RITORNO DI GARIBAIN

Il noto intellettuale, scrittore, polemista, critico, traduttore, saggista, prefatore, postfatore Zeno Zebél tornava a casa in taxi dopo una serata cultural-gastro-mondana. Il viso grave, incorniciato da un bavero di cammello, non riusciva a scacciare l'incomoda intrusione di un sorriso.

Un virus dispettoso si era incuneato nell'angolo sinistro della sua bocca, e gli teneva sollevato il labbro. In tal modo l'aria severa, la bocca serrata in atteggiamento di riprovazione, lo spleen e la cupezza che tanto giovavano all'immagine dello Zebél, erano quella sera sabotati da un'insolita espressione di benessere. Alla quale, infine, il Nostro si arrese.

Ebbene sì, la serata dall'architetta P. era stata perfetta! I presenti, fin dal suo apparire, gli avevano tributato il dovuto omaggio, nella libreria aveva individuato a colpo d'occhio tutte le sue opere, la cena era stata raffinatissima e senza burri soverchi e soprattutto la conversazione era stata impagabile. Poiché fin dall'inizio, senza che lui usasse i soliti stratagemmi e le consuete trappole, il discorso era immediatamente, spontaneamente caduto sullo scrittore Garibain. E dato che lui era la massima autorità garibainiana del paese, aveva dominato la scena con irridente sicurezza, con altera superiorità. Aveva per due volte corretto garbatamente le citazioni della padrona di casa, si era esibito in brani a memoria e aveva poi letteralmente massacrato la giovane critica Selene, che aveva osato abortire un discorsuccio sulla relativa sensibilità di Garibain ai problemi sociali. Le aveva recitato un brano di *Cena di Natale*, in cui lo scrittore descriveva le sofferenze e gli stenti di una povera famiglia di idraulici, con tale commossa partecipazione e fervore di accenti che tutti ne ebbero le lacrime agli occhi, e specialmente la Selene, che fu alla fine tacciata di incompetenza e presunzione, e di cui fu velatamente suggerito, essendo presente anche il suo vicedirettore, un trasferimento al settore cabaret.

Un trionfo! In quante altre sere aveva dovuto attendere a lungo prima che l'argomento da lui bramato, quello in cui non temeva rivali, entrasse nella conversazione. Quanto aveva dovuto lottare, sgomitare, deviare gli argomenti altrui, azionare scambi ed erigere dighe, inventare i paragoni più astuti e le analogie più casuali, per portare sulla scena Garibain. E invece quella sera, qualcosa di magico era accaduto: qualcosa che gli suscitava quell'insolito buonumore.

Si stirò, mentre il taxi entrava nel suo quartiere, attraverso un viale di tigli già carico delle prime infiorescenze primaverili. Ne aspirò l'odore dolce e declamò in un sussurro:

Tiglio tiglio / secolare puntiglio
di meglio rivestirti
dona agli umani / pur nuova meraviglia

Il tassista, un omone con una nuca rugosa da tricheco, si voltò di sbieco e concluse:

Di natura tu figlio
o tiglio.

– Conosce questi versi? – chiese allibito Zebél.

– Certamente: Adolphe Garibain, *La notte dell'apparizione*, poema in sei parti, mi sembra che questi siano i primi versi della terza parte, o sbaglio?

– No, non sbaglia – disse Zebél con un filo di voce.

O serata strana e singolare! Un tassista che conosceva a memoria Garibain: doveva esser contento o vedere in questo una pericolosa minaccia al suo primato? Si lamentava spesso che il volgo preferisse ogni sorta di cialtronerie editoriali a Garibain: ma se tutti i tassisti si fossero messi a citarlo?

– Le piace Garibain? – chiese il tassista con una volgare strizzata d'occhio, come dicesse "le piaccion le brunette?" – Lo ha mai incontrato personalmente?

Un rantolo di trionfo caprioleggiò nella laringe di Zebél.

– Dovevo ben capirlo – sibilò sprezzante – lei cita Garibain a pappagallo, ma conosce poco o niente di lui. Come posso aver frequentato personalmente Garibain (e qui Zebél fece del suo disprezzo musica) dal momento che egli morì pria ch'io nascessi, e le risparmio le date?

– Oh beh – rispose il tassista tranquillo – non si può mai sapere.

Zebél sospirò. L'ignoranza, l'ignoranza lo circondava come una putrida colluvie. Lasciò lo strano tassista senza mancia e con ritrovato cattivo umore si mise a cercare le chiavi di casa. Un vento fastidioso, freddo, iniziò a soffiare mentre stava lì in piedi, davanti alla porta, frugandosi nelle varie tasche e sentendo montare la rabbia. Eppure le teneva sempre nello stesso posto, nel taschino della giacca. Alzò turbato la testa, emettendo un piccolo rutto al caviale. E vide che nel suo appartamento la luce era accesa, e la porta era socchiusa.

Zebél, naturalmente, si spaventò. Viveva da solo, da quando la moglie lo aveva lasciato per Topardo, l'abbietto kafkologo che... Ma non era quello il momento di ricordare il passato. Nessuno aveva le chiavi di casa sua, nemmeno la donna delle pulizie, una stolida filippina ignorante della tradizione etnopoetica del suo paese. E allora? Un ladro? Ma cosa cercava, libri? Perché nella sua casa c'erano solo libri. Eh no, cazzo, pensò Zebél. Ci sono anche lo stereo, il videoregistratore, le targhe dei premi, le giacche inglesi, l'idromassaggio, per quanto pesante da trasportare. Sì, probabilmente in casa c'era un ladro. Soppesò se un titolo sul giornale "Furto in casa Zebél" avrebbe giovato alla sua notorietà o quantomeno se la cifra sottratta sarebbe stata inferiore o superiore al costo di una pubblicità editoriale su un quotidiano.

Ma il flusso dei suoi pensieri venne interrotto dall'uggiolare festoso del fedele Cagnes-sur-mer, che gli veniva incontro col suo caratteristico trotto scarafaggesco, dimenando il cranietto peloso.

Cagnes era un barboncino nano di singolare bruttezza che Zebél aveva acquistato perché, come tutti sanno, Garibain adorava i barboncini, ne ebbe sei nella vita e si narra che alla sua morte eccetera, quanto a Cagnes-sur-mer, è il luogo ove Garibain vide per la prima volta sua moglie Elsa eccetera. Ma tutto questo pur piacevole affluire di riferimenti garibainiani evocato da Cagnes, era nulla di fronte al rassicurante significato dell'apparizione del divino botolo. Cagnes era in assoluto il più isterico, rissoso e sciovinista cane da guardia della zona. Nei suoi tre chili era concentrato un potenziale militar-difensivo quale mai ebbe una muta di mastini addestrati. E quando un intruso, postino, lattaio, passante o altro si avvicinava a un metro dalla recinzione patria, Cagnes lo aggrediva col suo latrato, una raffica di scatarrate astiose, una cacofonia di ululati striduli, un crescendo di insulti canini, un rumore così continuo, fastidioso e acuto che non era raro che l'aggredito lo ricambiasse con commenti irosi tra cui comunissimo il vaffanculo, musicalmente gridato in controcanto. Orbene, ora la belvetta non abbaiava, anzi oscenamente sculettando ostentava la sua felicità per l'arrivo del padrone, con prevedibile imminente banchetto di putridume refrigerato e merda in dadini. Ciò significava che nessuna presenza ostile occupava la casa, e la porta era rimasta aperta per esecrabile dimenticanza. E infatti, inciampando nel zigzagare questuante di Cagnes, Zebél entrò e vide che tutto era in perfetto ordine. Chiusa la porta, si sgravò del pastrano e si accinse a nutrire il suo Cerbero. Ma mentre, chino sulla ciotola, stava aprendo una scatoletta di delizioso paté di iena, vide con la coda dell'occhio un piede sporgere dalla sua poltrona preferita, un piede dotato di scarpa e ghetta, appartenente a qualcuno coperto dallo schienale.

Un qualcuno che era entrato e stava tranquillamente seduto al suo posto di lavoro, dico tranquillamente perché dalla poltrona saliva fumo di pipa, e l'ondeggiare lieve del piede indicava agio e assoluta nonchalance.

La poltrona lentamente ruotò. Apparve prima l'emisfero sinistro, poi la parte centrale, poi la totalità di Adolphe-Marie Garibain.

— Abbiamo fatto tardi, stanotte, eh, Zebél? — disse Garibain con intonazione lievemente provocatoria. Parlava nella sua lingua, l'alto provenzale, e tra le mani teneva il celebre bastone col pomello di corniola. Era tale e quale, nel viso e nell'abbigliamento, al ritratto di Pierre Poncin visibile al Louvre. Notavasi il sopracciglio destro, segnato da una ferita riportata in duello il dodici agosto eccetera nel parco di Versailles eccetera in seguito alla frase "Lei disonora le lettere francesi" che il conte Mamoulian eccetera. Ebbene, il suddetto sopracciglio era incurvato in espressione di vago disgusto. No, non sembrava ben disposto, il celebre redivivo.

— Buonasera... buonasera... oh merda! — esclamò Zebél che mai avrebbe immaginato che la quarta parola di una conversazione col suo mito potesse esser così volgare.

– Non è contento di vedermi? – disse Garibain, sventolando una rivista – eppure l'ho letto qui, proprio un istante fa:

"Scambierei tutti i libri usciti negli ultimi dieci anni per dieci minuti di conversazione con Garibain".

– Sì, l'ho scritto... ma insomma, cos'è questa mascherata? Chi è lei? un attore, vero?... è uno scherzo, uno di quegli odiosi programmi televisivi oppure... è la concorrenza, vero? La manda Schiassi, è così?

Garibain fece un gesto elegantemente sconsolato con la mano guantata.

– Chi è codesto Schiassi? È questa l'accoglienza che mi riserva? E lei sarebbe il mio più grande estimatore, il custode della mia memoria, il mio traduttore esclusivo?

– Certo che lo sono – disse Zebél con fierezza.

– E non è in grado di riconoscermi? Anni di frequentazioni, seppure a distanza, non le bastano per credere alla mia presenza? Vuole quella che si dice... una prova?

Zebél annuì, deglutendo.

Garibain sospirò tristemente e si alzò in piedi, zoppicando per via della malattia che dall'età di otto anni eccetera. Passò le dita guantate sulla libreria di Zebél e ne trasse un piccolo volume grigio, un po' rovinato.

– Ci conoscemmo tra le pagine di questo libro, un lontano aprile... Lei era appena stato sgridato, Zebél, era un bimbo grassottello e secchione, senza alcun talento e quella mattina per qualche ragione che non ricordo, era in castigo...

– Marmellata – disse trasecolando Zebél.

– Esatto – disse Garibain – un banale furtarello di marmellata: lamponi, ora mi sovviene. Perciò fu punito e rinchiuso nello studio di suo nonno, e lì rovistò nella biblioteca, cercando tra i titoli qualcosa di eccitante, che parlasse di chiome scomposte e bianche carni e languori orizzontali...

– Era naturale a dodici anni – disse Zebél, leggermente imbarazzato.

– Così lei lesse il titolo del mio libro, *Sultana*, e il nome le sembrò preludio a chissà quali paradisi erotici e libidini levantine, e si immerse nella lettura per accorgersi, poco dopo, che Sultana era il nome di una cavalla, e che io non ero propriamente un autore facile...

– Ma cosa dice! – protestò Zebél.

– Si addormentò due volte – precisò Garibain – la prima alla

161

descrizione della traversata di Vincennes e la seconda durante il colloquio sullo Spirito Santo tra il parroco e il fantino ateo. La svegliò la pendola.

– Ho scritto un saggio conosciutissimo su quel libro...

– Non ne dubito – disse sorridendo ironico Garibain – perché lì, quel giorno, ebbe la geniale intuizione che cambiò la sua vita. Pensò: se io leggo tutto, ma proprio tutto di questo ponderoso autore, se mi impadronisco della sua vastissima opera, ne farò un formidabile trampolino di lancio per il mio futuro. Diventerò l'unico ed esclusivo interprete, esegeta, divulgatore, critico, esperto, erede, concessionario di Garibain. Diventerà mia esclusiva proprietà, l'oasi protetta Garibain. Lì sarò il boss, e terrò fuori gli altri con le unghie e con i denti. Infatti da allora lei ha difeso la sua conquista, ringhiando proprio come questo barboncino a cui ha dato quell'orribile nome rivierasco. Sul mio nome lei costruì il castello della sua nomea letteraria.

– È proprio vero... quel giorno d'aprile, i lamponi, il libro – disse Zebél crollando su una sedia – maestro... ma io non capisco il motivo di questa sua... apparizione.

– Lo capisco io, caro Zebél – disse Garibain – da tempo le dovevo una visita. Da anni lei mi cita nelle sue conversazioni (dovrei esserglielne grato?) a una media di centoventi volte al giorno. Ha tradotto tutti i miei libri, anche gli scartafacci postumi e le malecopie, ha scritto decine di saggi su di me, è presidente di un premio letterario a mio nome, ha tenuto un corso universitario ammorbando decine di giovani miei potenziali lettori, ha curato riduzioni teatrali, è consulente garibainiano per tre televisioni, organizza cene con le ricette contenute nel mio libro *La locanda di Pradonet*.

– E non le fa piacere?

– No! – urlò Garibain, menando sul pavimento una gran bastonata che fece sobbalzare Zebél – lei mi cita ormai a sproposito, per spiegare il divorzio e l'alopecia, la formula uno e il totalitarismo, scova un mio parere illuminato su argomenti che non mi sono mai sognato di sfiorare, usa il mio nome per stroncare giovani scrittori, mi confronta con autori degnissimi insultandoli nel paragone, e poi questi, giù nella bibliogrotta tartarea, mi tengono il muso...

– Ma maestro...

– Ma che maestro e maestro – disse Garibain, passeggiando su e giù nervosamente – non mi interrompa, ha sproloquiato di me per anni, adesso stia zitto. Mi ha imbalsamato, sezionato, ha frugato nei miei cassetti, ha innalzato a metafora particolari insignificanti della mia vita. Mi cita come misogino se vuole intimorire una giornalista, come omosessuale se il salotto si presta, come maniaco erotomane se vuole eccitare qualcuna delle sue allieve. Mi ha appioppato almeno dieci malattie che non ho mai avuto, mi ha fatto penare e angosciare ovunque, al mare quando prendevo il sole e in montagna in salubre relax. Senta qua, in questo suo saggio: "Ma egli non riusciva a godere appieno del bel sole bretone, tutto gli sembrava grigio e tetro, poiché egli là, sperduto nel vociare volgare e sciocco dei turisti, solitario a un tavolino di bar, già pensava al suo imminente capolavoro, l'*Assalonne...*"

– Non va bene? – chiese timido Zebél.

– Stavo come un pascià a Saint-Malo, mangiavo ostriche tre volte al giorno e vedevo passare alcuni dei più bei culi di Francia. Lei ha approfittato della inevitabile pazienza di noi morti per affibbiarmi le sue tare e le sue nevrosi. Per non parlare dell'uso intimidatorio delle mie opere. Leggo a pagina ventidue: "Cosa direbbe Garibain leggendo le prose incerte e balbettanti di questi giovani autori? Sicuramente egli alzerebbe il dito severo, e con fare sprezzante li caccerebbe per sempre dal mondo delle lettere". Sarei io questo preside odioso, questo gufo col dito puntato? È per questo che decine di giovani lettori si sono allontanati da me. Lei mi ha reso un bellimbusto supponente a sua immagine e somiglianza.

– Ma...

– Ma un corno! Lei conosce i miei libri a memoria, ma dubito che abbia letto molto altro. Conosce Colbertson?

– Qualcosa...

– "Qualcosa"? E allora come fa a scrivere che Colbertson non è che un modesto imitatore, che ha attinto da me *la parvenza dello stile, non certo il genio...* Lo sa che per questa sua frase Colbertson non mi parla da dieci anni e sospetto che, talvolta, mi abbia anche pisciato nel tabacco?

– Sono desolato...

– Lo sia! Lei ha fatto carriera sfruttando il mio nome! – gridò Garibain, sempre più rosso in volto, puntando pericolosamente il bastone contro Zebél – mi ha usato come paravento dei suoi livori e alibi delle sue antipatie, ma ora dico: basta!

– Ma le traduzioni maestro, le mie traduzioni! Anni e anni di lavoro fedele e scrupoloso...

Garibain lo guardò come se volesse divorarlo sul posto.

– Come no! Un esempio: "Ed egli, incontrandola frale e rorida per la silvifora corsa, ebbe tema di vederla morsa dal rivelenar dei tubercoli, e accoronatole il tabarro ai labastri dorsali disse: 'Cara, lei addiaccia'..."

– Bello, vero?

– Bello? Da toccarsi le palle. Dieci metri sotto la pioggia e già me la ammazza di tisi. Io avevo scritto più o meno: Vedendola così sudata e temendo per la sua cagionevole salute le mise garbatamente la giacca sulle spalle e disse: signorina, ha freddo?

– Ma io – bisbigliò Zebél – ho voluto sottolineare, in ogni frase, la nobiltà del suo animo, la finezza linguistica, la sensibilità al sociale.

– Molto lodevole – disse Garibain, riassestandosi il panciotto e dando un'occhiata all'orologio – infatti, come penultima cosa, vorrei parlarle di ciò che è accaduto stasera nel salotto della architetta P.

– Oh sì – disse Zebél illuminandosi – praticamente, è stata una serata in suo onore.

– Certo, ho assai apprezzato che lei volesse rendermi una specie di paladino dei poveri in mezzo a quei sensibilissimi miliardari. Ora se lei non fosse una bestia di traduttore, avrebbe capito che la famiglia Des Plombiers non è una famiglia di idraulici, ma una nobile famiglia della mia città, i Des Plombiers-Moulin-Argotte, che finì rovinata per una serie di scioperi e sollevazioni agrarie della plebaglia, da cui il clima triste della cena natalizia. Se lei non vivesse di rendita, la mia rendita, saprebbe che un idraulico, allora e ora, guadagna assai più, ahimè, di un poeta o di un nobile decaduto. Quindi la famosa scena da lei citata a riprova della mia sensibilità sociale, in realtà è una nostalgica difesa del privilegio aristocratico contro la montante marea ugualitaria degli idraulici. Avrebbe dovuto capirlo, dato che a un certo punto la moglie chiede al marito, "Per favore, passami la zuppiera col consommé di starna prima che si freddi". Le pare una frase credibile attorno alla tavola natalizia di un idraulico? Tutti se ne sarebbero accorti, compresa la signorina Selene che, da me ispirata, in questo momento sta battendo a macchina un ferocissimo articolo contro di lei dal titolo: "Gli strani idraulici di Zeno Zebél".

– Ahimè – gemette Zebél.

– E per finire – proseguì implacabile Garibain – ho chiesto al reparto Citazioni e Celebrazioni della Bibliogrotta inferiore di prendere provvedimenti contro lo sfruttamento indiscriminato che lei fa del mio Nome e della mia Opera, *ed essi hanno acconsentito a liberarmi.*

– Liberarmi in che senso? – protestò Zebél. – Lei non può impedire che io la sfru... che io perpetui eternamente il suo ricordo.

– Sì che posso – disse Garibain – addio Zebél, a mai più risentirci.

Ciò detto si circonfuse di luce indaco e, tra i ringhi spaventati di Cagnes, iniziò una ben calibrata dissolvenza e svanì.

La testa di Zebél girava e doleva. Cagnes correva qua e là uggiolando sommessamente, disorientato. Si sentiva nell'aria un leggero odore di zolfo. Zebél, meccanicamente, riprese in mano la scatoletta di cibo per cani e versò il mefitico contenuto nella ciotola.

– Qua – disse con voce spenta – vieni qua tu, come ti chiami, cagnolino...

Cercava di ricordare perché si sentisse tanto turbato. In quel momento squillò il telefono. Era il direttore del giornale a cui collaborava.

– Zebél, ho avuto una brutta notizia dai nostri informatori nella redazione concorrente. Quella troia della Selene ti ha colto in fallo sulla traduzione di *Cena di Natale* e domani pubblicherà un articolo velenoso. Ma niente paura. Ho telefonato a Fastelli e Festucci e abbiamo messo insieme un paginone sull'argomento, Fastelli ha scritto un articolo su "Ambiguità e parodia in *Cena di Natale*" e Festucci ha ritrovato un vecchio articolo della Selene in cui lei si occupa di reggiseni. Pareremo il colpo. Naturalmente manca il pezzo forte, cioè il tuo.

– Ah sì? – disse Zebél stancamente – che pezzo forte?

– Ma insomma – incitò il direttore – qualcosa del tipo "La vera lezione di Garibain" o "Garibain tradito" oppure "Il mio Garibain". Cento righe entro mezzanotte. Perché non mi rispondi? Qualcosa non va?

– Sì – disse Zebél – chi è questo Garibain?

27

SNIPER

Il giovane soldato stava alla finestra, al quarto piano del palazzo abbandonato, e ascoltava quella strana musica. Era così lontana che non riusciva a capire che canzone fosse. Ogni tanto il vento sembrava spingerla nella sua direzione e proprio quando gli sembrava di riconoscerla, gliela portava via. Il giovane soldato aveva diciotto anni e una tuta mimetica molto più grande della sua taglia. In testa portava una fascia coi colori di una squadra calcistica. Su un avambraccio aveva tatuato il nome della fidanzata, sull'altro lo stemma della regione dov'era nato, e sotto due spade incrociate. I capelli cortissimi erano tinti di viola. Dopo tre anni di guerra, l'esercito governativo nordista lasciava ampia libertà nelle divise. Bastava essere chiaramente riconoscibili. Gli sniper, i tiratori scelti, facevano a gara per vestirsi nel modo più truce e originale. Come il giovane che ora si avvicinava, camminando a gattoni sul pavimento ingombro di bossoli e calcinacci. Aveva una ventina d'anni, una faccia adulta e un cappellaccio nero da cowboy con quattro cornetti rossi: uno per ogni nemico ucciso. Su una spalla aveva tatuata una donna che abbracciava uno scheletro. Il calcio del fucile era intarsiato di scritte oscene. Quattro anelli d'oro gli pendevano da un'orecchio e uno dal labbro inferiore.

– Ciao Pecos – disse il primo soldato.

– Ciao Tamburino – disse il secondo – com'è la situazione?

– Sono nascosti da qualche parte, là sotto – disse Tamburino, indicando la strada deserta che finiva in un sottopassaggio pedonale, il cui ingresso era ostruito da macerie e dai resti di una barricata.

– Forse dietro ai cartelloni? – disse Pecos.

– Non credo.

Si trovavano in quello che una volta doveva essere stato un ufficio. Ora i vetri erano tutti scheggiati dai bombardamenti, i calcinacci ingombravano metà della stanza, gli schedari erano rovesciati. Restava solo una scrivania, ingombra di lattine di birra, e un patetico televisore sfondato, dentro al quale qualche spiritoso aveva messo un busto del Presidente. C'erano macchie di sangue sulla moquette chiara e nastri di mitragliatrice ovunque.

Pecos si sedette per terra, si arrotolò una sigaretta e buttò giù una pillola di amfetamina. Si tolse il cappello. Aveva una croce celtica di capelli crespi, scolpita sul cranio rasato.

– Quei porci di sudisti hanno beccato uno della squadra, stamattina. Il Geco, quel veneto alto, coi capelli da mohicano. L'hanno segato nel collo mentre scendeva dalla jeep. Era troppo fumato, è stato lento.

– Succede – commentò Tamburino.

– Beh – disse Pecos, mettendosi il fucile a tracolla – penso che andrò dall'altra parte del palazzo, dove ci sono i garage. Se senti sparare, vuol dire che domani vado a casa.

– È meglio che tu senta sparare me – osservò Tamburino – sono due mesi che sto quassù; sto diventando pazzo, ormai mi faccio le seghe con i cartelloni di biancheria intima giù nella strada.

– Niente centro niente licenza. Non è colpa mia se non sai sparare, Tamburino. A suonare la batteria sei bravo, ma col fucile fai schifo.

– Ne ho presi tre, solo uno meno di te, stronzo. Ehi, ma la senti questa musica?

Si udiva il rumore lontano di un aereo che buttava giù la sua merce. Pecos scosse la testa.

– Non sento niente... o forse sì, è lontanissima...

– Non riesco a capire che musica è – disse Tamburino.

I due ragazzi restarono immobili, cercando di ascoltare tra un'esplosione e un'altra. Un cane attraversò improvvisamente la strada, Pecos puntò il fucile. A volte dietro a un cane c'è un padrone che lo segue. Oppure qualcuno che se lo vuol mangiare.

– Cento marchi che lo stendo – disse Pecos.

– Lascialo perdere.

Il cane sparì tra le carcasse d'auto di una strada laterale. Le esplosioni cessarono, la musica si fece improvvisamente più chiara.

– Rolling Stones – disse deciso Pecos.

– Ma che cazzo dici. È tutt'un'altra roba, non senti?

– Ti dico che sono i Rolling... se vuoi te la canto... è quella, aspetta: "she was blinded by lo-o-o-ove"... senti?

– Vaffanculo – disse Tamburino, pensando che l'altro lo prendesse in giro – è da un'ora che ce l'ho sulla punta della lingua, è rock di dieci anni fa, è un pezzo su cui ho imparato a suonare la batteria.

– Crepa tu e tutti i batteristi e i sudisti e la loro musica di merda – disse Pecos – io vado sul terrazzo e controllo dall'altra parte.

– Va bene – disse Tamburino. Sentì il rimbombo degli scarponi di Pecos che si allontanavano lungo le scale del palazzo deserto. Posò il fucile, accese una sigaretta. Sbadigliò. Due mesi e sei giorni che stava lassù e se non beccava qualcuno, niente licenza. Forse era meglio restare al quartier generale pensò, lì è sicuro che una volta al mese si va a casa. Ma c'è il rischio di finire in un plotone di esecuzione, m'è toccato una volta e non mi piace. E poi sono un tiratore scelto. Sparo bene. Forse oggi sarà il mio giorno fortunato.

La musica aumentò di volume, però questa volta non era il vento a portarla. Qualcuno stava uscendo dal sottopassaggio. Tamburino avvertì un tremito alle mani e un dolore al collo. Quando si preparava a sparare gli si irrigidivano i muscoli della faccia, a volte batteva anche i denti. Ma passava in fretta. Al momento di mirare sarebbe stato calmo e preciso come sempre. La musica si avvicinò. Ora veniva da dietro i cartelloni pubblicitari bucati di proiettili, con scritte pacifiste o antigovernative. Ce n'era uno con grande scritta rossa:

HAI MAI VISTO UN PROIETTILE DI SAX?

Era il titolo di un brano dei Last Tear. Aveva visto tutti i concerti dei Last Tear, prima del conflitto. Forse quella musica era proprio dei Last Tear. Comunque, ora si sentivano chiaramente il basso e la batteria, e la batteria era fantastica, dura, pulsante, variava ritmo in continuazione, lui se ne intendeva, era stato un bravo batterista da civile e quello che stava ascoltando era un signor batterista, proprio così, un fenomeno di batterista, ma chi era quel coglione che segnalava la sua presenza in quel modo, con la musica a tutto volume e soprattutto chi era quel gran batterista, anche se non era proprio il momento di chiederselo.

Vide due piedi muoversi sotto un cartellone. Fa che non sia un bambino, pregò. Fa che non sia una donna. Chiunque sia, sparerò lo stesso. Voglio andare a casa. Ho un fratellino piccolo anch'io. E una fidanzata. Fa che non sia un bambino, però. Il sudista uscì dal riparo. Era giovane, alto, con un basco giamaicano rosso. Doveva essere ubriaco, per essere così imprudente. Zoppicava, e barcollava. Guardò verso il palazzo con un binocolo. Tamburino si appiattì. Il sudista scrutò attentamente tutti i piani dall'alto verso il basso e sembrò tranquillizzarsi. Si sedette sul marciapiede con la radio vicino: uno stereo enorme, con due antenne da aragosta. Che fesso, pensò Tamburino, non c'è quasi gusto. Puntò il fucile, respirò piano, e aspettò che il tremito passasse. Doveva prenderlo bene, se lo feriva c'era il sottopassaggio vicino, poteva anche rintanarsi. Ma è ubriaco, pensò, neanche si è accorto del pericolo.

Il sudista s'era sdraiato sul marciapiede. Non aveva fucile, solo una pistola alla cintola. Dai pantaloni militari stracciati si vedeva spuntare una gamba fasciata, non era solo ubriaco, era anche ferito. Con la gamba sana, batteva il tempo della canzone. Ma che razza di stronzo, disse tra i denti Tamburino, che soldato di merda, sdraiato in mezzo alla strada ad ascoltar musica, come se non sapesse che questa è una zona controllata da noi sniper. Se l'è venuta a cercare, una pallottola in fronte.

Come se lo avesse sentito, il sudista si sollevò un po' sui gomiti e guardò nella sua direzione. Si tolse il basco, era biondo, sembrava ferito anche a una tempia. Come se niente fosse, prese dalla tasca del giaccone due bastoncini e si mise a battere il tempo sull'asfalto. Cristo, pensò Tamburino, è un professionista, me ne intendo io. Guarda come usa il polso, quello sa suonare la batteria. Mi toccherà di segare un collega. Ma guarda come si diverte lo stronzo, io qua col fucile in mano e lui con la radio in mezzo alla strada come se la guerra non ci fosse.

Che cazzo di sudista stupido mi tocca di ammazzare. Si accorse di tremare ancora. Posò il fucile. Forse era quella musica a innervosirlo. Avesse almeno saputo che brano era. Non era Rolling. Neanche Talking Heads o Brisa Picerem Gozzem.

Era un pezzo fine anni ottanta, quando lui era bambino. Ora basta, pensò. Ora si va a casa. Ora lo sego in mezzo agli occhi. È un sudista di merda, siciliano o napoletano, o magari anche peggio, con quel basco può essere del Battaglione Centro, un toscano magari, io odio i toscani, anche se la Clara è toscana, ma lei ha scelto il nord e allora calmati e spara porcodio, però che gran batterista e anche quel ragazzo è bravo, guarda come pesta con le sue bacchettine sullo stereo, cazzo, ecco perché non riesco a mirare bene, non sto tremando, sto battendo il tempo anch'io, da quant'è che non sento musica, è una vita che sto quassù e sento solo cadere le bombe e ululare i cani, è proibito tenere radio o walkman a noi sniper, tutto è proibito in questo esercito di merda e quello che cazzo fa, adesso?

Il sudista si era alzato e ballava in mezzo alla strada, con lo stereo sulle spalle. Doveva essere proprio ubriaco duro. Alzò ancora il volume. Cristo, pensò Tamburino, se lo sente Pecos torna qui e lo sega lui. Questa maledetta musica! Lo so che pezzo è, perché non mi viene in mente? Sai cosa faccio adesso: lo chiedo a lui cos'è questa musica. Tanto è scemo: non ha neanche il fucile, e con la pistola da lì non mi può beccare. Non mi va di segarlo così a bruciapelo. Gli faccio i complimenti per la musica e poi lo stendo.

Aveva deciso all'improvviso, e non poteva tornare più indietro. Scattò in piedi, col fucile puntato.

– Mani in alto, sudista di merda!

L'altro non sembrò sorpreso. Alzò una mano e con l'altra continuò a reggere lo stereo. Neanche smise di ballare. Anzi, si avvicinò al palazzo.

– Alza la musica – disse Tamburino – voglio capire che cosa stai ascoltando.

Il sudista fece Ok con le dita, camminò quasi fin sotto la finestra, sollevò lo stereo in alto e gridò.

– *Lost for love*. Perduto per amore...

– Lo sapevo – gridò Tamburino – sono i Last Tear. E il batterista è Ed Francisci.

– Il più grande di tutti, lo senti come pesta? – disse il sudista.

– Eri batterista anche tu? – chiese Tamburino

– Sì, me la cavavo – disse l'altro.

– Beh, mi dispiace – disse Tamburino prendendo la mira – lo sai, se ti lascio andare non prendo la licenza. Non ce l'ho con te, è la guerra. Addio, collega.

– Addio a te, batterista – disse il sudista. Premette un pulsante dello stereo e dalla grossa radio partì una granata. Fiammeggiò nell'aria, centrò la finestra, fece un gran rumore e un lampo bianco accecante.

Quando la nuvola si diradò, di Tamburino non c'era più traccia. Anche la musica era cessata. Il giovane sudista guardò la finestra sventrata, a lungo. Si udiva il crepitare dei calcinacci che continuavano a cadere. Zoppicando, si sedette nuovamente per terra. Avrebbe dovuto ricaricare la radio-arma con una nuova granata. Ma era stanco. Non aveva neanche voglia di segnalare l'uccisione al suo caposquadra, per la licenza. Forse non aveva neanche più voglia di tornare a casa. Alzò la musica al massimo e restò sdraiato sull'asfalto, a occhi chiusi.

INDICE

Stampa Grafica Sipiel
Milano, ottobre 1994